myNews explica!

A Rússia Face ao Ocidente

Paulo Visentini

70

my News explica!

A Rússia Face ao Ocidente

Paulo Visentini

70

MYNEWS EXPLICA A RÚSSIA FACE AO OCIDENTE

AUTOR: Paulo Visentini

DIRETOR DA ALMEDINA BRASIL: Rodrigo Mentz
EDITOR DE CIÊNCIAS SOCIAIS E HUMANAS E LITERATURA: Marco Pace
COORDENADORAS DA COLEÇÃO MYNEWS EXPLICA: Gabriela Lisboa e Mara Luquet
ASSISTENTES EDITORIAIS: Isabela Leite e Larissa Nogueira
ESTAGIÁRIA DE PRODUÇÃO: Laura Roberti

REVISÃO: Sol Coelho e Alex Fernandes
DIAGRAMAÇÃO: Almedina
DESIGN DE CAPA: Roberta Bassanetto
IMAGEM DE CAPA: Winter landscape, de Nikifor Krylov

ISBN: 9786554270137
Outubro, 2022

Dados Internacionais de Catalogação na Publicação (CIP)
(Câmara Brasileira do Livro, SP, Brasil)

Visentini, Paulo
MyNews explica a Rússia face ao Ocidente
Paulo Visentini. – São Paulo, SP : Edições 70, 2022.

Bibliografia.
ISBN 978-65-5427-013-7

1. Revoluções e socialismo 2. Rússia – Condições sociais
3. Rússia – Política e governo 4. Ucrânia – Política e governo I. Título.

22-123766 CDD-321.0940947

Índices para catálogo sistemático:

1. Rússia : Revoluções : Ciência política 321.0940947

Eliete Marques da Silva – Bibliotecária – CRB-8/9380

Este livro segue as regras do novo Acordo Ortográfico da Língua Portuguesa (1990).

EDITORA: Almedina Brasil
Rua José Maria Lisboa, 860, Conj. 131 e 132, Jardim Paulista | 01423-001 São Paulo | Brasil
www.almedina.com.br

Sumário

Introdução

A Rússia, para a maioria das pessoas, segue sendo um país pouco conhecido, misterioso e contraditório, uma vastidão selvagem, espécie de Amazônia gelada, que atrai a imaginação. Apesar disso, a maioria é assertiva em sua opinião e muitos não a consideram parte do "Ocidente". Assim, escrever sobre o tema deste livro, durante a guerra russo-ucraniana, constitui um enorme desafio. Como abordar a questão? Tomando como ponto de partida a atual narrativa russofóbica irrefletida? Isso seria como retroceder aos anos 1950, durante Guerra Fria. Portanto, rejeitam-se teorias conspirativas baseadas no medo, no desconhecimento e na má-fé manipulativa e oportunista. A *Russofobia*, já milenar, teve sua origem no grande cisma entre o catolicismo e a religião ortodoxa e é quase tão preconceituosa quanto o racismo. E o surgimento e fortalecimento do socialismo na Rússia agravou ainda mais tal visão.

Na adolescência, uma frase do escritor Hermann Hesse ficou bem gravada em minha memória: *Não se deve responder ao louco segundo a sua loucura*. E assim tenho feito, expondo elementos históricos objetivos e deixando a cada um a formação de um juízo. A obra, sob a forma de um ensaio histórico, tem o propósito de fornecer uma visão ampla, destinada ao grande público, e não um texto acadêmico pesado e árido. Mas nem por isso é menos objetivo e científico. A bibliografia, por sua vez, traz indicações para um aprofundamento, se o leitor assim o desejar.

O mais extenso país do mundo, extremamente frio e com uma tradição política autoritária, é o que todos ouviram falar. Mas a formação histórica, a evolução política e a dimensão psicossocial dos russos são pouco conhecidas entre nós. O que se pode dizer é que a conformação geográfica da Rússia e sua posição geopolítica são muito peculiares. Foi a partir delas que um povo periférico da Europa construiu um vasto império com continuidade territorial. Um povo eslavo e cristão-ortodoxo, partindo de seu núcleo europeu, foi se assentando pelo sul da Sibéria e chegou ao Oceano Pacífico, inclusive fundando algumas povoações na América do Norte. Sua expansão, contudo, foi muito diferente de outros grandes impérios, pois não dispunha de uma economia dinâmica, como os Estados Unidos. Ao longo de sua turbulenta história, a Rússia conheceu momentos dramáticos de divisão interna e invasões, dos mongóis aos nazistas, quando parecia que ia desaparecer. Mas ela sempre se reergueu.

O povo russo passou por indescritíveis sofrimentos, como outros, mas eles raramente foram mostrados em nossos manuais de História. Ele é romantizado ou demonizado, sempre tendo em conta apenas a ação de suas elites. Por ter se tornado um Estado Eurasiano, acaba sendo marginal tanto para a narrativa europeia como para asiática. Para a primeira, teria absorvido características orientais; para a segunda, seria um invasor Ocidental, que ocupou o vazio demográfico das estepes e da taiga siberiana. A interação mais direta e sistemática com os Estados europeus mais poderosos ocorreu apenas a partir da Revolução Francesa. Contudo, em sua anterior expansão para o Oriente derrotou os mongóis definitivamente no final da Idade Média, algo que trouxe estabilidade para a Europa central.

Qual a origem da Rússia e seu Estado? Os povos eslavos já habitavam as terras entre os Mares Báltico e Negro antes da Era Cristã, uma região plana que era a rota das grandes migrações da Ásia para a Europa, através das estepes. Em certos períodos os eslavos se expandiram para a Europa central e balcânica, formando os eslavos ocidentais e meridionais, que evoluíram separadamente. Em outras épocas foram dominados por invasores, obrigando-os a se refugiar nas florestas do Norte, onde formaram principados independentes. Os vikings, através dos rios da Rússia, estabeleceram conexões comerciais com Constantinopla, capital do Império Bizantino (ex-Romano do Oriente). Essa dinâmica econômica e interação civilizacional propiciou a formação do *Russ de Kiev*, o primeiro Estado russo, de perfil medieval. Mas o declínio da rota comercial e invasões de nômades asiáticos geraram fragmentação política e o deslocamento do eixo de gravidade russo para o norte, de Kiev para Moscou (capítulo 1).

A população refugiada nas florestas setentrionais formou a base dos novos principados, até que Ivan III, o Grande (da Moscóvia), pôs fim ao domínio mongol, subordinou os demais príncipes e a República Mercantil de Novgorod. Já Ivan IV, o Terrível, iniciou a expansão para o leste, anexando o vale do Rio Volga e cruzando os Urais. Com mão de ferro instaurou o Czarismo, uma Autocracia de Direito Divino, e subordinou a nobreza. A Dinastia Rurik foi sucedida pelos Romanov, tendo Pedro, o Grande, fundado São Petersburgo como nova capital, com o objetivo de abrir uma janela (marítima) para a Europa. Ele, Catarina II, a Grande (uma princesa alemã) e os posteriores Czares "de Todas as Rússias" promoveram notável expansão territorial (capítulo 2).

A Rússia, contudo, sempre foi um gigante frágil, não apenas pela dispersão de uma população camponesa miserável e oprimida em um território imenso e extremamente difícil de administrar. Os russos, em seu contato com as potências europeias, tomavam consciência do seu atraso, e Pedro I tentou ocidentalizar o país, a partir de uma nova capital (portuária) estilo Versalhes. Contudo, apenas a elite adotou tais padrões, que elevaram artes e ciências ao padrão da Europa Ocidental. O povo e os intelectuais eslavófilos, inspirados na Igreja Ortodoxa, sentiram o país rebaixado diante do "Ocidente corrompido", e os russos são um povo que necessita *acreditar*. A modernização, na segunda metade do século XIX, aprofundou e trouxe nova dimensão às tensões sociais, que o caos gerado pela I Guerra Mundial fez explodir em 1917.

A velha Rússia foi derrubada por uma revolução, sob o comando de Vladimir Ulianov, codinome Lenin, tornando-se o primeiro Estado Socialista. Teve início uma época de intensas transformações, marcadas por entusiasmo e esperança, mas também medo e terríveis provações. Moscou, que se tornara a III Roma, com a queda de Constantinopla, voltou a ser a capital. Ela fora eclipsada pela ocidentalização de São Petersburgo, mas agora era uma IV Roma, farol de uma nova verdade universal frente a um mundo autodestruído pela I Guerra Mundial e, logo, ensombrecido pelo fascismo. Embora o bolchevismo, em particular Stalin, fossem considerados "orientais", o marxismo era Ocidental. A modernização agroindustrial e a Guerra Patriótica contra o III Reich foram tempos terríveis, mas, ainda assim, construtivos. A União das Repúblicas Socialistas Soviéticas (URSS) se tornou um Estado federal desenvolvido, e uma superpotência, como os Estados Unidos (capítulo 3).

O peso econômico da Guerra Fria, a estagnação política soviética e a Revolução Tecnológica do capitalismo desgastaram a URSS e colocaram o dilema das reformas na ordem do dia. Gorbachov, com sua *Perestroika*, em essência, buscava ocidentalizar a Rússia Soviética, com uma ingenuidade que segue chocando os historiadores. Digamos, foi o Luís XVI do socialismo e, em 1991, a União Soviética foi desintegrada em quinze repúblicas. Boris Iéltsin liderou a Federação Russa, que ocupou a posição da URSS na política mundial, e promoveu uma caótica e esquizofrênica transição à economia de mercado, que alguns consideram ter reunido o pior dos dois sistemas. Enquanto os russos sofriam um colapso socioeconômico, ele adotava um servilismo humilhante diante dos EUA e da Europa e uma falta de estratégia política para com os demais Estados ex-soviéticos.

Foi uma década trágica, que geraria sua antítese dialética, com Vladimir Putin (ex-KGB), que herdou um Estado arruinado, uma elite corrompida e um povo desalentado. Tratou de reconstruir o país em todos os planos, buscando uma síntese histórica para forjar uma identidade nacional, pois a Rússia regrediu quase 400 anos em termos geopolíticos. Para tanto, tem utilizado os meios "iliberais" (autoritários) que julga necessário. Ao assim proceder, desagradou ao Ocidente, que retribuiu com uma nova onda de Russofobia e Putinfobia, levando Moscou a se reorientar para o leste, rumo à China e à Ásia central. Através da formação de um espaço eurasiano, tentaria contribuir para a integração do continente, mas isso afetaria o equilíbrio mundial com as potências marítimas. Mais uma vez, a Rússia oscila entre o Ocidente e o Oriente (capítulo 4).

É impossível ser indiferente à Rússia; as pessoas a detestam ou admiram, por várias razões. Assim, a seguir, transcreve-se um poema que reflete bem a "alma russa" e sua complicada relação com o Ocidente, como forma de motivar os leitores. Por fim, agradeço à Professora Analúcia Danilevicz Pereira pela leitura e sugestões, que enriqueceram o texto.

PAULO FAGUNDES VISENTINI
Porto Alegre, junho de 2022
Em um inverno "siberiano".

Os Citas

Aleksandr Blok (1918)

Somos como milhões. Nossas nações sem número
Somos como os grãos de areia sob o litoral plácido.
Somos os citas! Somos os asiáticos de olhos puxados!
Tentem fazer a guerra contra nós – vocês nunca mais
[o tentarão!

Vocês tiveram séculos inteiros! Nós, apenas uma hora
Como servos obedientes ao nosso senhor feudal,
Levantamos nossos escudos entre dois poderes hostis,
A Velha Europa e as Bárbaras Hordas Mongóis.

Sua antiga forja ressoou ao longo dos tempos,
Abafando o ruído das avalanches distantes.
Messina, Lisboa – vocês pensaram, são páginas
Em um estranho livro de saberes lendários.

Por muitos séculos vocês ansiaram por nossas terras ao Leste,
Pescaram nossas pérolas e as trocaram por grãos;
Nos desprezaram enquanto faziam seus planos
E prepararam seus canhões para a grande batalha.

A hora chegou. Nas asas da destruição em marcha.
A cada dia aumenta a ultrajante contagem.
Em breve, nem um traço de nada morto nem vivo
Estará de pé onde antes floresciam seus templos.

Oh mundo antigo, antes que sua cultura morra,
Enquanto existir um sopro de vida, você respira e afunda
Pare e seja sábio, como Édipo um dia o foi
E resolva o antigo enigma da esfinge.

A Rússia é esta esfinge. Enlutada e exultante,
Que chora muitas lágrimas negras e sangrentas,
Ela te encara, adorando e insultando,
Com o amor que vira ódio, e do ódio ao amor.

Sim, amor! Para vocês de terras e de berço Ocidental
Que não mais conhecem o amor que nosso sangue possui.
Vocês esqueceram que existe um amor na Terra
Que queima como fogo e, como todo fogo, destrói.

Amamos a ciência fria, perseguida com paixão;
O fogo visionário da inspiração,
O gosto do saber gaulês, tão sutilmente sagaz
E o sinistro espírito da nação germânica.

Conhecemos o inferno de uma rua parisiense,
E Veneza, calma em sua água e seu âmago;
O aroma dos limões no calor do sudeste;
As chaminés fumegantes de fuligem suja de Colônia.

Amamos a carne crua, sua cor e seu mau cheiro.
Amamos provar seu gosto em nossas bocas famintas.
Devemos culpá-los se suas frágeis costelas se despedaçam
Sob nossas patas pesadas e gentis?

Sabemos como jogar este jogo cruel
De domar os mais rebeldes corcéis;
E teimosas donzelas e prisioneiras nós também domamos
E as subjugamos para satisfazer nossas necessidades...

Venham juntar-se a nós, então! Deixem a guerra e seus gritos!
E segurem a mão da paz e da amizade.
Enquanto ainda há tempo, camaradas, baixem suas armas!
Que nos unamos em uma verdadeira fraternidade!

Mas se vocês nos desprezam, então não lamentaremos
Nós também não consideraremos a perfídia um crime,
E muitas gerações ainda não nascidas
Irão amaldiçoar sua memória até o fim dos tempos.

Nós abandonaremos a Europa e seu charme.
A arte e a astúcia nômade serão nosso refúgio
Pelos bosques e florestas velozmente vagaremos
E olharemos para trás e sorriremos, nosso sorriso de olhos
[puxados.

Voltemos aos Urais! Todos! Rápido, deixemos a terra!
E deixemos o caminho livre para a justiça pelo sangue e espada
Onde as máquinas de aço, que não têm alma, devem permanecer
E que se defrontem com a fúria das Hordas Mongóis.

E de agora em diante nós não mais serviremos
Como criados segurando seu escudo protetor.
Vamos manter distância e, de olhos puxados, observar
O mortal conflito enfurecido no campo.

Não nos moveremos, mesmo que os hunos ferozes
Pilhem os cadáveres da carnificina na batalha,
Levem seu gado para templos, queimem as cidades,
E assem vivos seus companheiros de pele branca.

Levanta-te mundo antigo! Pela última vez
Te chamamos para a celebração ritual e fogo,
De paz e irmandade! Pela última vez!
Oh! Ouça os chamados de nossa lira bárbara!

Poesia de Alexandr Blok (1880-1921) escrita durante as negociações para um acordo de paz em Brest-Litovsk entre a Rússia Soviética e a Alemanha Imperial no início de 1918. A poesia retrata a percepção russa perante o Ocidente, através de uma alusão ao povo cita. Os Citas, durante boa parte da antiguidade, bloquearam o caminho dos mongóis rumo à Europa. A Guerra Civil entre vermelhos e brancos, a invasão e fragmentação da Rússia o abalaram profundamente, vindo a morrer três anos após redigir o poema.

1. Um Povo Eslavo e a Formação do Estado Russo: de Kiev a Moscou

Os russos são um povo eslavo e, portanto, indo-europeu, que formou seu primeiro Estado (um Principado) na Idade Média, com sede em Kiev. A partir de seu núcleo original europeu, quase eliminado pelos mongóis, ao longo dos séculos seguintes ele se expandiu em direção a Ásia e atingiu o Oceano Pacífico, formando um Império gigantesco. Mas trata-se de um país frio, que ocupa uma posição geográfica muito mais ao Norte do que o Canadá. As razões de tal expansão, todavia, não foram motivações primordialmente econômicas, como no caso do capitalismo norte-americano, como será visto adiante. Outro ponto importante é que o Grande Cisma Religioso entre o catolicismo romano e a ortodoxia bizantina (ocorrido em 1054) impactou profundamente na História russa e na relação com o Ocidente. Por fim, é importante lembrar que o Estado russo passou por várias crises, com fragmentações e retrocessos, mas sempre se reergueu, transformado e fortalecido.

Uma geografia e meio-ambiente adversos

A Rússia imperial e a URSS formaram o mais extenso Estado contínuo da era moderna, sendo que a última possuía, após a II Guerra Mundial, uma extensão de 22 milhões de km². Eram quase três vezes a superfície do Brasil (8 milhões), o que representava um sexto das terras emersas do planeta e equivale à superfície da Lua. Do lado Ocidental ao Oriental abarca onze fusos horários e 10 mil km de extensão. Quando nas margens do Mar Báltico e na Ucrânia as pessoas tomavam o café da manhã, no extremo oriente soviético (Oceano Pacífico), já se estava jantando. A Rússia pré-revolucionária era ainda mais extensa, incluindo a Polônia, a Finlândia e o Alasca – vendido aos EUA em 1867. O Estado construiu, inclusive, o Forte Ross na Baia de São Francisco, Califórnia. Formava um gigantesco território eurasiano, que começava na fronteira da Alemanha Imperial e se estendia até o Mar do Japão, no Pacífico. A Federação Russa, Estado sucessor da URSS, tem 17 milhões de km², sendo ainda o mais extenso do mundo.

De norte a sul eram 4,5 mil km de extensão máxima, com o Oceano Ártico (congelado a maior parte do ano) e as inóspitas superfícies da tundra, tendo mais ao sul a floresta de pinheiros e bétulas (Taiga). Seguindo para o Sul, havia as estepes e desertos da Ásia central, culminando na elevadíssima cordilheira do Pamir (atingindo a altitude de 7.500 m), continuação do Himalaia, na fronteira do Afeganistão. Enquanto na Yakutia (na Sibéria) a temperatura é de –50° C no inverno (pode superar –80C°), nos desertos da Ásia central atinge 50° C, sendo que em 40% do território os rios ficam congelados por seis meses. O próprio solo é permanentemente congelado no Norte.

A área agrícola é muito limitada e sujeita a um clima inclemente, e apenas as Terras Negras da Ucrânia e do Volga são áreas férteis. Mas o gigantesco espaço russo é extremamente rico em recursos naturais, como minérios, petróleo, gás e madeira. Trata-se de uma planície imensa e contínua (prolongamento da Europa central) que inicia no Báltico, se estende até o Cáucaso e abarca a maior parte da Sibéria e Ásia central. A parte setentrional foi coberta por geleiras na última era glacial, e possui inúmeros rios caudalosos, vastos lagos, pântanos e bosques, tornando o tráfego terrestre por estradas quase inviável. Os rios foram, até o advento das ferrovias, as únicas vias de comunicação, mas geralmente apenas no sentido Norte-Sul.

Tal configuração geográfica, plana, sem fronteiras naturais defensáveis e gelada grande parte do ano, sempre teve enorme influência na sociedade e na política russas. A expansão territorial decorreu de guerras que buscavam ganhar profundidade estratégica defensiva contra invasores, como forma de preservar o centro do país. Igualmente correspondeu à tentativa de obter uma saída para o mar, para estabelecer uma ligação com o resto do mundo. Mas também era consequência da imensa disponibilidade de terras ao Leste, de população nativa rarefeita, de origem finlandesa e tártaro-mongol, que foi incorporada, e não exterminada como nas Américas. Na Sibéria estabeleceu-se uma simbiose entre os asiáticos (geralmente nômades ou caçadores) e os europeus (agricultores, funcionários e comerciantes). As terras eram buscadas por camponeses ávidos em escapar dos tributos, da servidão e da limitação da produtividade agrícola, que provocavam ciclos de fome e revolta. Também foi o destino dos condenados por crimes comuns ou políticos.

Na luta contra cavaleiros teutônicos, suecos e polaco-lituanos no Oeste, turcos e tártaro-mongóis no Sul e a colonização relativamente pacífica da Sibéria quase despovoada, foi forjado um gigantesco território. Em parte, isso também se tornou possível devido ao declínio da China durante a Dinastia Manchu. Contudo, a Rússia não dispunha de acesso a mares abertos cuja saída não estivesse controlada por potências inimigas. Nem mares desimpedidos pelo gelo, carecendo, portanto, de conexão com os grandes fluxos comerciais e de contatos civilizacionais. E na parte europeia do país, sede do Império, havia ameaças maiores, de potências mais avançadas. A URSS tinha 60 mil km de fronteiras, incluindo terrestres com doze países, muitos deles hostis. A Federação Russa faz limite com treze e é ainda mais vulnerável.

A formação estatal: do Rus de Kiev à Moscóvia

A formação histórica do povo russo remonta às tribos eslavas que, desde aproximadamente 2.000 a.C., habitavam o centro da região entre os mares Báltico e Negro. A região constituía a rota das grandes migrações da Ásia para a Europa, através das estepes, inclusive com a invasão das hordas nômades. Em certas épocas os eslavos se expandiram para a Europa central e balcânica, deixadas vagas pelos germanos, que avançavam sobre Roma. Nelas os eslavos que se assentaram se diferenciaram do núcleo russo ao longo do tempo. Deram origem aos eslavos ocidentais (poloneses, tchecos e eslovacos) e meridionais ou balcânicos (servo-croatas, eslovenos, búlgaros, macedônios e romenos latinizados). Constituem o mesmo grupo étnico e linguístico (exceto os romenos), alguns se tornando católicos, outros ortodoxos.

Na Idade Média, os vikings estabeleceram, a partir de Novgorod e ao longo dos Rios Dvina, Dnieper e outros, uma rota comercial que terminava em Bizâncio (Constantinopla, atual Istambul), capital do Império Bizantino (Romano do Oriente). Do contato entre os vikings (varegos) e os eslavos russos foi formado o *Russ de Kiev,* o berço da Rússia atual, que protegia o comércio. O príncipe Oleg (882-912), da Dinastia Rurik, foi o primeiro soberano a, documentadamente, governar esse Estado medieval que, juntamente com Cidades-Estado do norte (como Novogórd), formavam um espaço político russo, o triangulo Kiev-Novgorod-Vladimir. A influência dos vikings (que geralmente estavam "de passagem") é perceptível em certos costumes e nomes: Olga, Vladimir e Ivã constituem variações dos germânicos Helga, Waldemar e Hans, por exemplo.

Em 988 o príncipe Vladimir adotou a religião cristã Ortodoxa, oriunda de Bizâncio, como forma de diferenciar os povos eslavos do Russ das tribos vizinhas: poloneses, húngaros, germanos e bálticos católicos à oeste, e os muçulmanos do sul e do leste. A influência greco-romana veio através de Bizâncio. Na mesma linha foi, igualmente, adotado o alfabeto cirílico, criado pelos monges bizantinos Metódio e Cirilo para as línguas eslavas, facilitando a conversão religiosa. E, com a queda de Constantinopla perante os turcos, em 1453, Moscou se tornou a III Roma, guardiã da ortodoxia e sede da Igreja, que se tornaram parte da russianidade. Esses acontecimentos marcaram uma diferenciação e separação entre a Rússia e a Europa Ocidental, de profundas consequências históricas. A arquitetura religiosa russo-ortodoxa ganhou traços próprios, inconfundíveis nas cores, formato, decoração e cúpulas arredondadas.

Um grande divisor de águas ocorreu em 1240 quando, em meio à desorganização interna, Kiev sofreu a invasão e conquista mongol chefiada por Batu, neto de Gengis Khan. Ele estabeleceu uma dominação extremamente violenta, cruel e espoliadora até 1480. Essa situação marcou o declínio de Kiev e o predomínio gradual dos príncipes de Moscou, com o centro de gravidade do Estado se transferindo para o Norte, como forma de escapar do domínio direto dos mongóis e seus ataques. Os povos da estepe dominaram parte da floresta, levando os russos a se refugiarem ainda mais para dentro dela, rumo ao Norte. Cidades eram saqueadas e queimadas, com seus habitantes escravizados ou mortos de forma massiva e brutal e os restantes sujeitos à feroz opressão e tributação. As cidades e casas eram feitas de madeira, barro e palha, pois as pedras eram raras, daí a fragilidade e a ausência de grandes construções.

O fim de Kiev foi marcado, portanto, por migrações do Sul dominado rumo ao Norte, provocando uma divisão da Rússia, pois parte da população permaneceu, dominada por estrangeiros. Alguns se estabeleceram no Sudeste, em região dominada pelos lituanos pagãos, enquanto outros rumavam para Novgorod, no Noroeste. Os demais buscaram refúgio no Nordeste, onde despontava Vladimir e, depois, Moscou.

A história da Rússia é constituída por uma alternância de fases de estagnação, seguidas da tomada de consciência do atraso em relação à Europa ocidental, que culminavam em tenazes esforços de recuperação do hiato. E sempre lutando contra invasões estrangeiras: o príncipe Alexander Nevsky, de Novgorod, derrotou os suecos em 1240 e os cavaleiros teutônicos em 1242. O avanço da Horda de Ouro Mongol só foi contido em 1380, na batalha de Kulikov. Exatos cem anos depois, sua dominação terminou, durante o governo de Ivã III, o Grande. Ele introduziu um código legal, erigiu o Kremlin de Moscou em pedra (o antigo era de madeira), unificou os Principados do norte e tornou a propriedade dos nobres não hereditária. Foi um governo longo (1462-1505), que reergueu a Rússia. Mas o trauma da dominação mongol permaneceu como uma grande referência na conformação psicossocial e estratégica russa.

Seu neto, o Grão-Duque de Moscou, Ivã IV, o Terrível[1], reinou de 1533 a 1584 e, com apoio da Inglaterra (interessada em comerciar via Mar Branco), buscou modernizar o primitivo sistema administrativo da Rússia. Também quebrou o poder dos Boyardos (aristocracia rural) para centralizar o poder e fazer frente aos inimigos externos. Para fins militares, assumiu o controle direto da parte das terras confiscadas aos nobres no Norte (*Oprichnina*), visando recrutar soldados e coletar recursos. Também estabeleceu oficinas para fabricação de armas e ferramentas. Logo se expandiu sobre os decadentes canatos tártaro-mongóis na Bacia do Rio Volga, mas não os expulsou nem exterminou, pois até hoje eles constituem repúblicas autônomas na Rússia. Na sequência, ultrapassou os Montes Urais, mas não teve tanto sucesso em alcançar o Mar Báltico frente aos suecos e o Mar Negro, ainda dominado pelos mongóis. Buscando profundidade estratégica para proteger a nação, iniciou uma expansão em semicírculos concêntricos para o leste com colonos, enquanto para o Oeste e para o Sul eram enviados soldados.

Em 1547 se autodeclarou *Czar de Todas as Rússias* (como Kaiser, Rei), inaugurando a Autocracia de Direito Divino e um Império. O título se destinava a igualar a Rússia aos

---

[1] *Grosny*, em russo, significa *assombroso*, que tinha uma conotação positiva, pelas realizações do Czar. Foi uma má tradução, que ficou consagrada, segundo Paul Bushkovitch.

demais grandes Estados da época. Nascia um sistema de governo na Rússia pós-mongol que combinava três tradições políticas: o sistema senhorial moscovita, o despotismo mongol e o césaro-papismo de Bizâncio (em que a mesma pessoa controlava o Estado e a Igreja). No século XX alguns elementos dessa cultura política ainda estavam ativos em sistemas mais modernos, como na industrialização iniciada no czarismo e até no socialismo soviético, sob Stalin. Atribui-se a Vladimir Putin tendências semelhantes.

Ivã IV foi sido sucedido por um filho incapaz, cuja morte, em 1598, extinguiu a Dinastia Rurik, seguindo-se um período de quinze anos de agitações, a Época dos Distúrbios. Suecos e poloneses invadiram a Rússia, ocupando as cidades de Novgorod e Moscou, respectivamente, mas foram expulsos delas pelo Czar Miguel Romanov, inaugurando uma nova dinastia em 1613, que reinaria até 1917. Apesar disso, a saída para o Mar Báltico, obtida por Ivã IV, não seria recuperada aos suecos e os poloneses seguiriam controlando vastos territórios russos. Por dois séculos a Comunidade Lituano-Polonesa, uma união dinástica, dominaria o oeste da Rússia e Ucrânia. Os lituanos, convertidos à religião ortodoxa, foram forçados pelos poloneses a adotar o catolicismo. Nessa época, religião equivalia à “nação” e, visando consolidar seu domínio sobre a parte Ocidental da Rússia meridional, a Polônia tentou convertê-la ao catolicismo romano. Obteve um meio-termo, criando a Igreja Uniata, que mantinha o ritual ortodoxo, mas aceitava a autoridade do Papa. Ela marcou política e culturalmente a região de Lwov/Lvov/Lviv (atualmente ucraniana).

Nessa época, a Europa Ocidental, sob influência da burguesia comercial, libertava seus servos e o capitalismo iniciava sua ascensão, enquanto na Rússia (e no leste europeu), era adotada a "Servidão Tardia" (ou Segunda Servidão). De certa forma, a Rússia era integrada numa divisão regional do trabalho e devia exportar grãos, âmbar, peles e madeiras para o ocidente, e havia muita terra, mas poucos trabalhadores, os quais passaram a estar presos à propriedade rural, e vendidos com ela. Aos poucos foi surgindo o *Mir*, unidade produtiva camponesa de aldeias comunais com traços feudais, onde um conselho redistribuía anualmente faixas de terra. Era uma forma coletiva, mas os camponeses não podiam sair: "Pertencemos ao Senhor, mas a terra é nossa", diziam eles, vivendo na miséria e no atraso. A própria unidade foi incumbida de coletar impostos e recrutar trabalhadores e soldados para o governo.

Nas estepes do Sul surgiram grupos de cossacos, formados por camponeses fugitivos, que acabaram exercendo para o Czar a função de defesa das vulneráveis fronteiras, em troca do *status* de liberdade da servidão e isenção de impostos. Em 1648 os cossacos atacaram os nobres poloneses que ocupavam o sul da Rússia, derrotando-os e se aliando aos camponeses polacos no massacre de 100 mil judeus. Na época, além de serem artesãos urbanos, membros da comunidade judaica eram encarregados pela nobreza polonesa de cobrar tributos. Muitos camponeses se endividavam com eles para poder pagar os impostos aos nobres, que nem sequer viviam nas terras que exploravam. Assim, o antissemitismo foi um fenômeno histórico recorrente na região, sempre estimulado como "bode-expiatório" pelas autoridades em épocas de crise social.

A Rússia também avançou militarmente e Kiev e a margem oriental do rio Dnieper foram libertados, ocorrendo em 1654 a "reunificação" russo-ucraniana. Na verdade, tratava-se uma convenção pela qual os cossacos e alguns antigos principados herdeiros do *Rus*, que estiveram sob ocupação estrangeira, passaram a fazer parte do Estado russo. O pedido para integrar a Rússia, como forma de obter proteção contra os poloneses, partiu dos cossacos. Ucrânia é um derivativo da palavra russa *Krajina*, que significa *fronteira*, e não propriamente uma nação. O sentido, portanto, é mais o da reincorporação de zonas fronteiriças, que estavam sob ocupação lituano-polonesa. Kiev forneceu quadros mais cosmopolitas para a administração moscovita, até então exercida por uma nobreza incompetente. Sob ocupação polonesa a língua falada na região ucraniana se diferenciara algo do russo falado ao norte, mas não a ponto de impedir a comunicação.

Entre 1667 e 1671 houve uma imensa revolta camponesa, comandada por Stepan Razin, que foi sufocada de forma brutal, como tantas outras. Os cossacos passaram a ser uma espécie de milícia utilizada pelo czarismo contra o protesto social de camponeses miseráveis e, depois, de revoltas urbanas. Contudo, se no século XVII a sociedade russa se congelava socialmente, o poder das revoltas camponesas se afirmou na consciência coletiva, ainda que de forma difusa.

2. A Autocracia Czarista e a Expansão Imperial: de Moscou a São Petersburgo

A mudança da capital para a recém-construída cidade de São Petersburgo iniciou uma nova fase na história russa, sob a Dinastia Romanov. Durante o século XVIII conseguiu-se um acesso ao Mar Báltico e ao Mar Negro, desenvolvendo-se uma política voltada para a Europa, cujo modo de vida foi copiado pelas elites. No século XIX, após a fixação de fronteiras reconhecidas e seguras no Oeste, a Rússia se voltou para o Sul e o Leste. Os ventos das Revoluções europeias, todavia, produziram um endurecimento do regime, que muitos Ministros reformistas tentaram alterar, para a própria sobrevivência da Dinastia. Mas foram derrubados pelo "fogo amigo" de ultraconservadores, e a única modernização foram as ferrovias, a mineração e as indústrias, o que somente radicalizou as tensões sociopolíticas. Assim, logo após comemorar trezentos anos, os Romanov ingressaram na I Guerra Mundial e foram derrubados pela "mãe de todas as revoluções", em 1917.

Século XVIII: a Rússia busca inspiração na Europa

Pedro I, o Grande, governou de 1694 a 1725, e tentou nivelar a Rússia com a Europa ocidental, pela qual havia realizado longas viagens de estudos, quando jovem. Obteve um acesso seguro ao Mar Báltico, após derrotar os suecos na Guerra do Norte (1700-1721). Para garantir sua conquista, ele construiu uma esquadra moderna. Quando conquistou o Golfo da Finlândia, construiu a cidade de São Petersburgo, no estuário do Rio Neva em 1703, tornando-a capital e um porto aberto ao mundo. A edificação da cidade em pântanos insalubres, luxuosa e de estilo totalmente ocidental (inspirada em Versalhes), foi feita com mão de ferro e custou a vida de milhares de camponeses. Pedro considerava Moscou parte do atraso russo e obrigou a população a adotar vestuário e estilos europeus, o que somente atingiu a elite e os estratos médios. Pedro assumiu o título de Imperador, tornando seus vastos domínios formalmente em um Império.

Tentou introduzir algumas fábricas, reorganizou a administração (mas os funcionários seguiam mal pagos e pouco qualificados) e um sistema moderno de taxação, enquanto expandia as fronteiras ainda mais para o leste. Ampliou o controle sobre a Igreja Ortodoxa, tornando-a uma espécie de Departamento do Estado, como um poder temporal no campo, onde ela justificava moralmente o poder do Czar. Também impulsionou o desenvolvimento científico e acadêmico, tendo fundado a Academia de Ciências em 1725. A Universidade Lomonosov foi criada logo após, em 1755. Todavia, foi um período de revoltas, como a sublevação de Kondrati Bulatin, em 1707-8, esmagada com brutalidade. A Sibéria se tornou, cada vez mais, um espaço prisional, de onde era quase impossível escapar, como a Austrália foi para a Inglaterra. E Moscou perdeu sua importância e declinou por dois séculos.

Apesar dos inegáveis avanços obtidos, a modernização ocidentalizante de Pedro I separou a cultura horizontal da sociedade e a cultura vertical, ou alta cultura, ficou circunscrita às elites e ao Estado. A população foi alienada e sentia um complexo de inferioridade, pois o país tinha de copiar os modos de uma Europa reputada "superior" pelo dirigente. Em certo sentido, essa divisão somente foi superada pela Revolução Soviética, que produziu uma modernização original, levada ao conjunto da população. Mas até isso ocorrer, tal situação gerou uma cisão intelectual entre *ocidentalistas versus eslavófilos*. Os últimos acreditavam que os valores tradicionais da sociedade russa eram moralmente superiores ao individualismo materialista e à corrompida cultura Ocidental, e a religião ortodoxa e a sociedade camponesa do *Mir* seriam as bases da identidade russa.

Outra referência importante foi Catarina II, a Grande, uma princesa alemã francófila que se converteu à religião ortodoxa e à nação russa com toda força do seu ser. Ela governou de 1762 a 1796, após ter afastado e eliminado seu marido, o Czar Pedro III, que era pró-prussiano e politicamente incapaz. Retomou a modernização ocidentalizante e de cima para baixo, com mão de ferro, mas que foi mais de fachada do que profunda, reproduzindo o dilema introduzido por Pedro I. Influenciada pelo iluminismo francês, ela promoveu as artes e as ciências, mas manteve uma postura autocrática autoritária e a defesa da religião ortodoxa. Apenas a Revolução Francesa a despertaria para o fato de que as ideias de Voltaire e Rousseau que admirava (mas não praticava politicamente) poderiam ser fatais para seu regime. A massa de agricultores seguiu no atraso e na miséria, como descrito pelos brilhantes escritores Radishchev e Pushkin, e ela reprimiu duramente revoltas camponesas, como a de Pugatchov (1773-75).

No plano externo, Catarina II promoveu uma decidida expansão territorial. Em direção ao sul, o príncipe Potemkin, um dos seus sucessivos "favoritos", conseguiu conquistar o litoral norte do Mar Negro aos turcos e atingiu o Cáucaso. Além de militar, ele era diplomata e, em 1783, obteve a cedência da Crimeia pacificamente. A região conquistada foi denominada "Nova Rússia" e era, basicamente, uma estepe pouco povoada. Lá foram assentados camponeses russos, cossacos e alemães, com a finalidade de melhorar a agricultura. Na região, Potemkin fundou, a partir de 1778, as cidades de Kherson, Nikolayev, Sebastopol, Simferopol, Dnipropetrovsk e, em 1794, Odessa. São precisamente essas as regiões disputadas na guerra russo-ucraniana de 2022. O povoamento destinou-se a garantir o controle da região frente aos turcos, pois a maioria das terras ucranianas ainda se encontrava sob domínio polonês.

A leste, a Rússia ampliou o avanço sobre a Sibéria, que seguia recebendo colonos e condenados, e cruzou o Estreito de Bering, ocupando as ilhas e o litoral do Alasca, onde fundou diversos núcleos de povoamento e fortificações. Sitka ainda conserva a arquitetura da época. Na América Russa exploravam o comércio de peles e outros artigos e, em 1811, os russos construíram o Forte Ross, frente a São Francisco, na Califórnia, para conter a presença espanhola. Em 1867, temendo perder o território para os ingleses, que avançavam na costa da Colúmbia Britânica (Canadá), venderam-no aos EUA por 8 milhões de dólares. A rivalidade anglo-russa será explicada adiante.

Por fim, a oeste, Catarina II, com a Prússia e a Áustria, participou da partilha da Polônia em 1772, 1793 e 1795, incorporando amplos territórios, que antes haviam sido anexados pelos lituanos e poloneses. A primeira partilha resultou da aliança da Polônia com a Turquia (derrotada) contra a Rússia e as demais devido aos conflitos internos do país, sendo uma das facções esmagada pela intervenção russo-prussiana. Importante lembrar que tais territórios eram povoados por russos, bielorrussos, ucranianos (os eslavos orientais) e lituanos, e não por poloneses, odiados pelos camponeses dos três primeiros. Todavia, parte do território povoado por ucranianos, a província da Galícia (cuja capital era Lemberg/Lvov/Lviv), passou para domínio da Áustria católica. Em 1920, foi incorporado à Polônia e, apenas em 1939-41 e 1945, à URSS (como parte da Ucrânia Soviética). A região viveu séculos fora do Estado russo, adquirindo conexões e percepções "europeias", constituindo o núcleo dos ultranacionalistas antirrussos.

A Polônia desenvolveu uma narrativa historiográfica vitimizada, "cercada por vizinhos poderosos que a atacavam". Até então ela constituía um vasto reino, dominando imensas extensões povoadas por russos e ucranianos. A razão da vulnerabilidade residia na autonomia de sua nobreza rural, que não admitia um poder central forte. Tal atitude se revelou mortal para o Estado polonês. Os nobres polacos estavam divididos em facções rivais que lutavam entre si e se aliavam a poderes estrangeiros, além de a eles recorrerem solicitando ajuda militar quando os camponeses se revoltavam. É importante ter cuidado com os clichês históricos.

Paulo I, filho de Catarina II, assumiu o trono quando ela morreu, durante as guerras da Revolução Francesa. O General Suvorov, que apoiara Potemkin no litoral do Mar

Negro, foi enviado, em apoio aos austríacos, expulsando os franceses da Itália. A forma errática de governar do Czar provocou seu assassinato em 1801, e seu filho Alexandre I assumiu o trono. A Rússia enviou a esquadra do Mar Negro (criada por Potemkin) ao Mediterrâneo, em apoio às coalizões antinapoleônicas, e enfrentou a Suécia (assumindo uma suserania sobre a Finlândia em 1809) e a Turquia. Os malabarismos diplomáticos de Alexandre I levaram Napoleão a invadir a Rússia em 1812 com 650 mil soldados da impressionante *Grande Armée.* Como em outras ocasiões, os russos jogaram com sua geografia e, ao conquistar Moscou, encontraram uma cidade vazia e incendiada, sem que o Czar propusesse um acordo de paz. A penosa retirada durante o inverno, imortalizada na obra Guerra e Paz, de Leon Tolstói, significou a perda quase total do exército invasor.

A Rússia conseguira dobrar o Império Napoleônico e, em 1814, seus cavalos beberam água do Rio Sena, em Paris (quando isso ainda era possível...), e seu imperador participou do Congresso de Viena, encerrado em 1815. Anexou a Bessarábia (atual Moldova), além da parte central da Polônia e a Finlândia, essas últimas com *status* especial. Até o fim de seu reinado anexou a maior parte do Cáucaso, processo completado por seu sucessor. E participaria da Grande Diplomacia europeia ao integrar a Santa Aliança, "aliança da coroa, da espada e do altar" com a Prússia e a Áustria, um pacto para garantir a ordem conservadora no continente. Participou do sistema de Equilíbrio Europeu e dos Congressos diplomáticos de alto nível. Alexandre I, que admirava o iluminismo inicialmente, se tornou um dos guardiões antirrevolucionários contra as ideias nacionais e liberais. Já seus heroicos oficiais (e alguns soldados), todavia, voltavam para casa deslumbrados pela "Cidade Luz" e influenciados pela Liberdade, Igualdade e Fraternidade da Revolução derrotada.

Século XIX: o czarismo ameaçado pela modernidade Ocidental

A situação social miserável e as injustiças a que estava submetida a imensa maioria da população russa produziram violentas e amplas revoltas camponesas em vários momentos. Mas elas não possuíam um projeto transformador do conjunto da sociedade. Eram apenas explosões produzidas pelo desespero, logo sufocadas militarmente. Embora a elite fosse insensível a isso, em 1790 o aristocrata iluminista Alexander Radichev publicou uma obra criticando a miséria e a opressão dos camponeses. Foi condenado à morte, e a pena comutada para prisão perpétua, evidenciando a prática de suprimir os dissidentes, que se tornará comum na Rússia por dois séculos.

Contudo, logo a literatura deixaria de ser a única forma de protesto. A Revolução Francesa acabou tendo um impacto indireto na conservadora Rússia autocrata. O regime, com apoio popular, combateu com sucesso a invasão napoleônica de 1812, e os exércitos do Czar acabaram perseguindo os franceses até Paris em 1814. Lá, muitos oficiais tomaram contato com as ideias da Revolução e com uma realidade totalmente distinta da sua. De volta à Rússia, eles formaram uma sociedade secreta que visava a substituir a autocracia por um regime constitucional e auxiliar o país a se recuperar do atraso em relação ao Ocidente.

Alexandre I faleceu e seu irmão mais jovem e ainda mais conservador, Nicolau I, assumiu o trono em dezembro de

1825. Então os conspiradores tentaram um golpe de Estado contra o Czar, ficando conhecidos como Dezembristas. Nicolau ficou chocado com a influência dos fracassados golpistas, executando cinco e banindo os demais para a Sibéria. O governo, então, institucionalizou a censura e criou uma polícia política secreta, consolidada mais tarde com o nome de *Okhrana,* que viria a constituir a matriz dos modernos serviços secretos, como a KGB, a Gestapo alemã, o FBI e a CIA americanos e o MI-5 e MI-6 britânicos.

A partir de então apenas a literatura fazia críticas (muito veladas) à situação da Rússia, até sob a forma de comédias. E, entre 1830 e 1850, desenvolveu-se um debate entre "ocidentalistas" e "eslavófilos", sendo que os primeiros desejavam a modernização, copiando os modelos europeus, e propunham a reforma política liberal, a abolição da servidão, a industrialização e a urbanização. Já os segundos criticavam a "podridão ocidental carente de valores morais" e propunham a reafirmação dos valores próprios da religião ortodoxa e a comunidade camponesa tradicional (Mir) como uma solução, através da preservação da identidade nacional. O Czarismo aproximou-se do segundo grupo, com o paternalismo anterior dando lugar a uma versão burocrática e policial cada vez mais repressiva.

Nicolau I se concentrou nas guerras com a Turquia na região dos Balcãs, como forma de controlar Constantinopla para ter acesso ao Mar Mediterrâneo. Também avançou no Cáucaso e na Ásia Central. Um dos instrumentos era o que, mais tarde, ficou conhecido como *pan-eslavismo,* a defesa dos povos eslavos e cristãos-ortodoxos, que frequentemente se revoltavam contra a dominação turca, como gregos, sérvios, búlgaros e romenos. Frente ao crescente declínio da Turquia, potências europeias resolveram apoiá-la, o que conduziu à Guerra da Crimeia (1853-56). A fragorosa derrota russa frente à Inglaterra e à França teve enorme impacto interno, evidenciando o atraso do país. O Czar faleceu em 1855 e seu sucessor, Alexandre II, pregava reformas modernizadoras. Em 1861 foi, oficialmente, abolida a servidão, com a intenção de libertar os camponeses e contribuir para o desenvolvimento agrário e industrial. Em uma perspectiva liberal, ele modernizou o exército, a administração, a justiça e até esboçou iniciativas parlamentares, além de iniciar a construção de ferrovias, estimular a mineração e atrair investimentos externos.

A Guerra contra a Turquia em 1877-78 propiciou a independência da Sérvia, Bulgária, Montenegro e Romênia. O declínio do Império persa e chinês permitiu-lhe completar a conquista do Cáucaso, de quase toda Ásia central e, principalmente, das províncias marítimas do Extremo Oriente (Rios Amur, Ussuri e fundação do porto de Vladivostok), às expensas da China Manchu. Tal expansão despertou a rivalidade da Inglaterra, que controlava a Índia e penetrava em direção à Ásia central, Oriente Médio e China, bem como nas duas margens do Pacífico Norte. Por essa razão o Czar vendeu aos Estados Unidos o Alaska em 1867, logo após o fim da Guerra de Secessão, na qual apoiara a União (os britânicos foram simpáticos aos confederados). A partir daí o antagonismo anglo-russo passou a ser o vetor da política mundial, como rivalidade entre um império marítimo e um terrestre, assentando as bases do pensamento geopolítico.

A implementação da política liberal, reformista e modernizadora, todavia gerou novas contradições políticas e enfrentou forte oposição interna, tanto à esquerda como à direita. Ele sofreu um atentado de radicais anarquistas em 1866 (e outros em 1879 e 1880), por considerarem que ele "fora limitado nas reformas", o que deslocou o regime para um rumo conservador. A liberalização educacional foi revertida e teve início uma campanha violenta contra nacionalidades insubmissas, como os circassianos do Cáucaso, com milhares mortos ou expulsos. Quando, em 1881, ele foi assassinado em um atentado terrorista do grupo Vontade do Povo, foi sucedido por seu filho Alexandre III, que iniciou uma política reacionária e encerrou quase todos os experimentos reformistas do seu pai e dos Czares anteriores.

Declínio e queda do czarismo

Um regime que se sente ameaçado e entra em declínio sempre radicaliza suas formas, na tentativa de se salvar, tentando voltar ao passado em que se sentia seguro. Com isso, todavia, apenas acelera seu fim. Alexandre III estimula e instrumentaliza o antissemitismo latente na sociedade, como "bode-expiatório". Os judeus sofriam restrições e eram coagidos a viver no *Pale of Settlement* (área de colonização), de 1791 a 1917. Era a zona conquistada por Catarina II (Ucrânia, Bielorrússia, Polônia e Lituânia), como uma das formas de povoar o Sul da região. Em 1882, novas restrições foram implantadas e os *Pogroms* (chacina de judeus) se tornaram recorrentes. Uma onda de fome, que foi seguida por uma epidemia de cólera, resultou em meio milhão de mortos na Bacia do Volga e Urais. Os primitivos métodos de cultivo, o rápido crescimento da população (especialmente nas terras negras) e a tendência à concentração da propriedade rural após à abolição da servidão, provocaram forte emigração. Além dos que se dirigiam à Sibéria e Ásia Central, milhões de ucranianos, russos e judeus emigraram para os Estados Unidos, Canadá, Brasil e Argentina.

Alexandre III concluiu a conquista da Ásia central e procurou manter a Rússia fora de guerras, aliando-se à França, que passou a investir capitais na indústria, mineração, petróleo e siderurgia russas (aliança voltada contra o II Reich de Bismark). A construção da ferrovia transiberiana foi iniciada e a exploração de petróleo em Baku tornou a Rússia a principal produtora mundial. Mas a modernização econômica aumentava a tensão com o arcaico regime político. Trabalhadores circulavam entre as regiões e mentes se emancipavam. Tentando controlar a situação, havia mais repressão e a tentativa de russificar as regiões conquistadas. É verdade que alemães, bálticos e ucranianos assumiam posições administrativas relevantes, por sua competência, mas os demais povos ainda eram marginais.

A literatura, o teatro, a música, as artes plásticas e a ciência russas tiveram nomes de primeira grandeza, que produziram obras que se consagraram mundialmente. Dentre eles pode-se referir pessoas renomadas como Glinka, Pushkin, Gogol, Tchekov, Nekrasov, Dostoievski, Tchaikovski, Rimski-Korsakov, Borodin, Blok, Mussorgski, Rachmaninov, Herzen, Lobachevski, Mendeleiev, Pavlov, Turgueniev e Borodin, entre tantos outros. Mas eles viviam em um país onde poucos podiam desfrutar de tais realizações, mesmo os críticos, que eram controlados pela censura onipresente. A massa camponesa era analfabeta e praticamente não havia uma classe média, mas o povo tinha sensibilidade, e começava a se instalar nas cidades, ampliando seus horizontes.

O tipo ideal da cultura popular russa era o *podvijnik* (mistura de herói e santo), mas Pedro, o Grande, quebrara a unidade moral da Rússia, opondo a elite ocidentalizante à massa de camponeses tradicionais. Contudo, logo surgiria uma nova corrente, os Revolucionários, pessoas que, desde os Dezembristas, lutavam e sofriam por uma causa considerada nobre. Não por coincidência, o jornal dos bolcheviques seria denominado *Pravda*, palavra que em russo significa, ao mesmo tempo, verdade e justiça. Aqueles que deveriam constituir uma camada social de profissionais liberais e técnicos numa sociedade capitalista, mas que na Rússia não tinham oportunidade de se converterem numa classe média, formariam a *intelligentsia*. Segundo Gustave Welter, "saídos de uma massa camponesa meio comunista, o *intelligent* encontrou nas teorias sociais do Ocidente essa razão de viver que seus antepassados haviam encontrado na religião. (...) Por fim, Karl Marx veio a proporcionar à sua necessidade idealista o alimento que melhor lhe convinha, posto que continha ao mesmo tempo uma ciência, uma política e uma moral." (WELTER, 1936:32)

Na segunda metade do século XIX havia surgido os Populistas (Narodniks), que pregavam a propaganda política junto aos camponeses (que consideravam a verdadeira força revolucionária) como forma de mobilização. Mas isso se revelou ineficaz, pois camponeses acabavam denunciando à polícia esses estranhos jovens de classe média que vinham pregar sua libertação. E, geralmente, acabavam marcados a ferro e enviados à Sibéria como desterrados. Mais tarde, passaram a adotar formas terroristas de ação, com atentados contra autoridades. Havia concentração de operários em São Petersburgo, em Moscou, na bacia do Rio Don e nos Urais, mas eles eram apenas 3 milhões, em uma população de 160 milhões. Havia alguns liberais (Partido Constitucional-Democrático, ou cadetes/KD), grupos anarquistas (niilistas) e um vasto movimento populista (*narodniks*, depois sociais-revolucionários) que considerava a emancipação dos camponeses (acesso à propriedade da terra) como a força da transformação social.

Nos anos 1880 surgiram grupos sociais-democratas marxistas, que defendiam a revolução operária, a industrialização e a modernização (Partido Operário Social-Democrata Russo/POSDR, formado em 1898), fortemente influenciado pelos sociais-democratas alemães. Em 1903, o partido se dividiu em Bolcheviques ("maioria") e Mencheviques ("minoria"). Os primeiros defendiam um partido clandestino, de quadros profissionais revolucionários, pois não viam possibilidade de atuação legal (Lenin, Bukharin, Stalin) e a implantação da ditadura do proletariado. Os segundos, defendiam um partido de massas e uma prévia revolução democrático-burguesa (Martov, Plekhanov, Trotsky). Já os populistas (Partido Social-Revolucionário/SR) consideravam o Ocidente decadente e que o socialismo russo deveria permanecer agrário, mantendo a "alma russa" da comunidade camponesa (*Mir*). Os SR eram a maior força opositora, numericamente. A direita estava organizada no próprio Estado e na nobreza, sendo avessa a qualquer reforma da autocracia e adeptos da repressão policial como meio de conservar o poder.

Quem viria a se destacar nessa trama confusa seria Lênin, codinome de Vladimir Ilich Ulianov. Nasceu em 1870 em Simbirsk (atual Ulianovsk), na região do Volga, filho de um diretor de escola. Fluente em alemão e outras línguas, era de família culta de classe média, de sangue russo, alemão, judeu e tártaro. Ainda jovem viu o irmão ser enforcado por ter participado do complô para assassinar o Czar Alexandre III. Ele participou de grupos de estudo marxistas e acabou se exilando na Europa ocidental, reunindo-se à comunidade de emigrados junto ao movimento operário europeu. A Rússia era uma nação semicolonial que recebia capital estrangeiro e, embora fosse um Império (rival da Grã-Bretanha na geopolítica global), não era um Estado imperialista. Sua situação era a de um "proletário" da economia mundial, que Lênin considerava o elo mais fraco da corrente imperialista, o qual poderia ser rompido com a revolução.

Em 1894, Nicolau II sucedeu a seu pai falecido e casou-se com uma princesa alemã, Alexandra, que exercia forte influência sobre seu limitado marido, mas não possuía o talento de Catarina II. O casal se assemelhava a Luís XVI e Maria Antonieta, e teria o mesmo destino deles. A própria festa popular de coroação, mal organizada, acabou em tragédia, com 3 mil pessoas mortas ou feridas. Ele manteve o conservadorismo do seu pai e chegou a nomear para chefiar o governo ministros modernizadores como Witte e Stolypin. Eles desejavam salvar o czarismo, mas foram derrubados por "fogo amigo", pois o próprio Czar se recusava a promover mudanças que pudessem ofuscar seu poder autocrático. Pior ainda, ele se envolveu em disputas diplomáticas com a Inglaterra no "Grande Tabuleiro" da Ásia central e com o Japão (aliado inglês) na Coreia e na Manchúria chinesa.

As prisões, exílio na Sibéria ou no exterior e as execuções não conseguiam conter a expansão dos movimentos de oposição, enquanto a elite se alienava da realidade. Para desviar dos problemas internos, em 1904 houve a guerra contra o Japão, que acabou em uma humilhante derrota, propiciando a eclosão da Revolução de 1905. Houve motins de soldados, ocupação de terras no campo e violência nas cidades, após a guarda do palácio atirar na multidão desarmada (liderada pelo Padre Gapon) que desejava entregar uma petição ao Czar. Apesar da formação de Sovietes (Conselhos), a Revolução não tinha liderança e foi espontânea. O Czar aceitou convocar um parlamento com poderes consultivos (a Duma), mas, assim que se sentiu forte, dois anos depois, deflagrou uma repressão sangrenta, e as reformas foram canceladas. O antissemitismo, com *pogroms*, foi intensificado através da publicação e distribuição, pela polícia política (*Okhrana*), dos forjados Protocolos dos Sábios de Sion. Mas, em 1912, o protesto ressurgiu e centenas de mineiros em greve foram metralhados no Rio Lena, Sibéria.

A lição não foi aprendida, pois, em 1914, mais uma vez o governo russo achou que uma guerra seria a melhor forma de desmobilizar os protestos, ainda que uma parte da elite fosse contra lutar com a Alemanha. A Rússia tinha mera função diversionista para os anglo-franceses, como forma de obrigar o exército do II Reich a lutar em duas frentes. O Czar mobilizou 12 milhões de homens, para os quais não havia armas, alimentos, transporte e alojamentos suficientes e, depois de alguns avanços, o exército começou a recuar e se desorganizar. Após dois anos a guerra chegara a um impasse, pois se tornara um gigantesco massacre e gerava privações. Deserções e insubordinação cresciam entre os soldados, apesar das punições e dos fuzilamentos. Em 1916 ocorreram sublevações nas províncias muçulmanas da Ásia Central (devido à introdução do recrutamento na região) e em 1917 o campo se convulsionava e o exército começava a se desintegrar.

O avanço alemão, o colapso do abastecimento das cidades e a introdução do racionamento, geraram confrontos em São Petersburgo, violentamente reprimidos. Soldados e populares armados invadiram a Duma em março de 1917, criando uma situação que forçou o Czar a renunciar (a Revolução de Fevereiro). Contudo, a Duma agiu rápido, organizando um Governo Provisório, enquanto os Sovietes se estruturavam. Estabeleceu-se, assim, uma *dualidade de poderes*, embora os Sovietes geralmente fossem controlados pela esquerda moderada. O estabelecimento de um regime liberal-democrático na Rússia, com o compromisso internacional de manter o país na guerra e nacional de implantar reformas, contudo, estava de antemão fadado ao fracasso. Em abril Lenin retornou do exílio na Suíça e publicou as *Teses de Abril*, que defendiam uma revolução socialista na Rússia, contra a vontade inclusive de seu pequeno Partido Bolchevique (menos de 20 mil membros). Mas ele foi ganhando adeptos e, inclusive, Trotsky se filiou ao Partido em maio. Após o fracasso de 1905, ele considerou que a estratégia para a vitória da Revolução dependia da divisão das grandes potências, do enfraquecimento do regime, da aliança com os camponeses, de uma direção política unificada e de uma revolução em um país industrial (Alemanha). Essas condições pareciam existir em 1917.

A disputa pelo poder entre o Governo Provisório (apoiado pela Duma) e os Sovietes, aliada à permanência da Rússia na guerra, agravou a já precária situação interna. Propiciou aos bolcheviques a oportunidade de conquistar o poder. A crise de abastecimento de alimentos nas cidades, por problemas logísticos, exasperara a população. Kerenski buscava poderes ditatoriais para superar a crise, mas foi boicotado pela esquerda e pela direita. Após os bolcheviques mobilizarem soldados e operários que barraram o golpe militar do General Kornilov, criaram em setembro a Guarda Vermelha. Ela derrubou o Governo Provisório em 7 de novembro de 1917 (outubro no antigo calendário), com a conquista do poder nas cidades mais importantes, encontrando uma resistência limitada. Mas o Estado e a produção estavam desorganizados e a Revolução no campo seguia um rumo próprio. Desaparecia um regime de mil anos e não havia um plano pronto de como construir o novo poder, e muito da ideologia deu lugar ao pragmatismo adaptado às condições russas vigentes.

3. A Revolução, a URSS e a Modernização Socialista: de Volta a Moscou

A História da Rússia imperial é pouco conhecida, como a da Rússia Soviética, mas esta é mais distorcida, por razões políticas. Aqueles que não gostavam da Rússia por ser imensa, difícil de compreender e submeter, passaram a odiá-la duplamente porque se tornou socialista. Afinal, a política também necessita de um "bicho-papão" para assustar e controlar a população e os países menos poderosos. Durante a I Guerra Mundial, São Petersburgo passou a se chamar Petrogrado (Cidade de Pedro, em russo) e, em 1918, a capital foi transferida para Moscou, por razões de defesa. Após a morte de Lenin, passou a se chamar Leningrado.

Em 1922, quando o poder bolchevique foi consolidado, Lenin (russo) saia de cena e Stalin (georgiano) dominou o regime por trinta anos e construiu as estruturas socialistas. Coletivizou a agricultura, industrializou o país, venceu a invasão hitleriana, reconstruiu o país e enfrentou os primeiros ventos da Guerra Fria. Foi um período extremamente difícil e polêmico, de profundas transformações, mas que criou o *Homo Sovieticus*. Krushev e Brejnev (ucranianos) governaram por três décadas uma superpotência moderna, de projeção mundial, mas em perda de dinamismo. Gorbachov (russo) tentou reformá-la e provocou o colapso do regime e do Estado federal em 1991, dando lugar a quinze novas repúblicas, sendo que a "nova" Rússia recuou quase quatrocentos anos em termos territoriais.

De Lenin à Stalin: o socialismo em um só país (de várias repúblicas)

Admiradores e adversários da Revolução, geralmente, fantasiam ou deturpam suas formas e conteúdo. A Revolução pode ser positiva sociologicamente, mas constitui um ato de violência extrema em que um grupo derruba outro do poder através da força. Assim foi na Inglaterra, nos EUA, na França, na Rússia e na China. E a linha divisória não é, exatamente, entre "bons e maus". Ainda que um regime considerado odioso seja derrubado, muitos oportunistas buscam o lado vencedor e outros, que seriam beneficiados socialmente, por razões subjetivas se posicionam contra a nova ordem. As condições vigentes produzem radicalismos e arbitrariedades, com o sentimento de injustiça represado explodindo em um turbilhão cego e irracional. Subitamente, um sistema de mil anos desapareceu e as estruturas de poder se decompuseram em meio ao caos. Enfim, cada sistema tem seu tempo histórico, e o que ruiu em 1917 sempre foi opressivo política, social e economicamente. E o Governo Provisório nada mais foi do que um hiato de anomia entre dois sistemas, e não representou um "modelo" ou alternativa.

Lenin teve grande dificuldade de articular o novo regime, pois nos sovietes os sociais-revolucionários e os mencheviques tinham maior peso que os bolcheviques. Era apenas uma assembleia múltipla, sem projeto ou direção. O novo governo era algo pouco consistente, baseado nas cidades e sem uma máquina burocrática. Os primeiros Decretos foram da Paz, da Reforma Agrária e das Nacionalizações. Mas antes havia que sair da guerra, e o custo foi alto. Dias antes da assinatura do Tratado de Brest-Litovsk (março de 1918), foi criado o Exército Vermelho, pois o czarista se desintegrara. A paz com a Alemanha, embora tenha evitado uma derrota imediata, não alterou a difícil situação militar e implicou na perda do Báltico, Bielorrússia e Ucrânia. Em protesto, a maioria dos SRs saiu do governo e se formava, assim, um partido único bolchevique, ao qual alguns concorrentes aderiram.

Forças antirrevolucionárias (guardas brancos) organizavam-se nas regiões periféricas do país, reforçadas por tropas da *Entente*, enquanto os alemães dominaram parte do território. Iniciava-se a guerra civil e a intervenção internacional contra a Rússia soviética, que duraria quatro anos. Em abril de 1920, enquanto os vermelhos lutavam contra os brancos, a Polônia atacou e ocupou parte da Ucrânia e da Bielo-Rússia. Durante o inverno de 1920-21, os vermelhos derrotaram os brancos e intervencionistas estrangeiros. Os antibolcheviques eram divididos politicamente entre monarquistas, militaristas (após a execução do Czar e de sua família) e nacionalistas não russos, que eram odiados pelos camponeses, temerosos de perder suas terras. Também havia anarquistas, mencheviques e sociais-revolucionários lutando contra os bolcheviques. Mas o preço da vitória era elevado. A produção estava paralisada, a população debilitada, os camponeses descontentes e muitos quadros qualificados emigraram. Dez milhões de pessoas morreram, vítimas da fome e epidemias e das guerras mundial e civil. A Rússia perdeu 900 mil quilômetros quadrados economicamente importantes, com 30 milhões de habitantes.

As dificuldades levaram Lenin a substituir o *Comunismo de Guerra* (medida excepcional na Guerra Civil) pela *NEP* (Nova Política Econômica). O triunfo da Revolução fora possível graças à aliança operário-camponesa, baseada na *combinação de uma revolução proletária e de uma revolução burguesa*, sob o comando dos bolcheviques. A primeira, socialista, apoiava-se nos operários urbanos e visava a supressão da propriedade privada; a segunda, capitalista (usurpada dos SRs), desejava a implantação da propriedade privada no campo. O campesinato aceitou os sacrifícios do Comunismo de Guerra enquanto havia o risco da volta dos antigos proprietários, mas, com a derrota da contrarrevolução, este recuou para uma economia de subsistência.

A precoce morte de Lenin em janeiro de 1924 afetou o Partido e o novo regime. Seu papel superava o dos demais líderes da Revolução, devido ao prestígio e autoridade de que gozava. Ele adaptou o marxismo às condições russas e elaborou a estratégia de conquista do poder. Lenin era um elemento de equilíbrio entre os militantes *cosmopolitas* de classe média, que estiveram exilados, como Trotsky, e os *nacionais*, operários que atuaram na clandestinidade, como Stalin. A luta sucessória foi travada entre estes dois grupos. Trotsky desejava uma *revolução permanente e mundial*. Stalin, por sua vez, adotava a teoria do *socialismo num só país*, pois, frente ao fracasso da revolução no Ocidente (especialmente na Alemanha), a URSS teria que construir as bases econômicas do socialismo com esforço próprio. A situação interna e externa propiciou a vitória de Stalin, a qual ocorreu também por haver se posicionado como *discípulo e continuador* de Lenin. Já Trotsky, se considerava como equivalente ao falecido líder, com o qual divergia, apesar de ter aderido ao Partido pouco antes da revolução.

Quem era o misterioso vencedor? Josif Vissarionovich Djugashvili, codinome Stalin (que significa "de aço"), nasceu em 1879, em Gori (Geórgia), filho de uma família miserável em uma casa de uma só peça. Estudou em um Seminário Ortodoxo, era inteligente, mas rebelde, sendo expulso por atividades políticas. Trabalhou como operário e teve intensa atividade militante clandestina na Rússia, foi preso e enviado à Sibéria, de onde sempre fugia. Em 1917, foi nomeado Comissário das Nacionalidades e teve comandos na Guerra Civil. Rude, mas astuto e intuitivo, lia muito e era um marxista ferrenho, também admirador de Bismark e interessado em questões militares e geopolítica. Foi mais responsável pela construção do novo regime (com mão de ferro) do que pela conquista do poder, sempre avesso aos militantes muito intelectualizados e pouco práticos.

Qual foi o impacto da Revolução e sua percepção pelas sociedades europeias e Ocidentais? A Revolução implantou o primeiro regime pós-capitalista, mas ela chegou ao poder devido ao caos que a guerra criara na Rússia czarista, e a União Soviética era frágil e mal organizada na década inicial. Contudo, mesmo cercada e isolada, o simples fato de ter ocorrido e sobrevivido criava um clima de incerteza em uma Europa traumatizada pela I Guerra Mundial e seus efeitos socioeconômicos. Comunidades russas exiladas no continente e nos EUA, gente próspera que perdera tudo, aumentavam a percepção de pânico nas elites e na classe média ocidental, até porque vivenciavam muita agitação socialista em seus países.

Mas também havia admiradores em países da Europa e em todo o Ocidente e ocorreram intensa agitação de trabalhadores e até efêmeras revoluções socialistas. A débil Internacional Comunista, fundada em 1919 para "agitar" países hostis à Rússia bolchevique, era vista (ou propagandeada) como ameaça mortal. A URSS foi isolada pelo *Cordão Sanitário*, uma aliança diplomática e militar dos vizinhos Ocidentais, sendo a Polônia e a Romênia transformadas em fortalezas de contenção, apoiadas pela França. Todavia, paralelamente à instabilidade do Ocidente nos anos 1920 e sua crise nos anos 1930, o socialismo soviético se consolidava através da *revolução pelo alto*, desencadeada pela liderança stalinista a partir do aparelho estatal. Seu modelo social era considerado uma ameaça político-social com implicações subversivas nos demais, além da desapropriação de empresas estrangeiras sem indenização não ser aceita juridicamente.

Em 1922 foi criada a União das Repúblicas Socialistas Soviéticas (URSS), como Estado federal multinacional, que contava com mais de cem povos, que será explicada adiante e, em 1927, Stalin consolidava sua liderança e havia problemas urgentes a resolver. A especulação com alimentos nos mercados privados e a necessidade de dominar os camponeses levaram o regime a lançar a coletivização da agricultura, uma autêntica guerra contra o mundo rural tradicional, considerado um entrave à implantação do socialismo. A agricultura, a ser cooperativada e modernizada, deveria contribuir para o financiamento da industrialização e fornecer a mão de obra às fábricas. Grande parte dos camponeses reagiu à coletivização, obrigando o governo a empregar a força, transformando este conflito numa verdadeira segunda guerra civil. Houve a eliminação dos *kulaks* como classe e a deportação de comunidades inteiras em direção às novas zonas econômicas, muitas vezes em pleno inverno. Neste trágico processo, mais de um milhão de pessoas pereceu devido à repressão, ao frio e à insalubridade dos campos de trabalho forçado, que constituíam a ponta de lança da implantação dos novos polos industriais e mineradores em zonas distantes.

Paralelamente, era lançada a industrialização intensiva através do I Plano Quinquenal (1928-1933). Em alguns meses construíram-se indústrias e cidades onde antes sequer havia estradas, criando a indústria pesada e a infraestrutura de transportes e energia. Às vésperas da II Guerra Mundial, a URSS alcançava o segundo PIB mundial, ao lado da Alemanha. Contudo, as alterações sociais foram ainda maiores, sobretudo a urbanização. As cidades cresceram, mas ruralizaram-se socialmente, o que conduziu à adoção de medidas draconianas para disciplinar os novos operários à rotina de uma sociedade industrial, regulada pelo relógio e não pela natureza. A vida dos trabalhadores era, todavia, superior à do *mujik* (antigo camponês), com satisfações concretas que legitimavam o regime. Para milhões, houve a oportunidade de ascensão social, pela primeira vez na história. Enquanto o acesso à educação, à cultura e ao atendimento médico universalizavam-se, a mulher era emancipada. Contudo, na ausência de quadros, o regime lançou mão de uma camada tecno-burocrática com estímulos materiais, mas muito controlada politicamente.

Só em 1936 o regime foi institucionalizado, com nova Constituição, que introduziu o voto universal, pois até então vigorara uma espécie de estado de emergência e voto ponderado que dava aos operários peso cinco vezes maior. Mas necessidades de disciplinamento da população em rápida urbanização e o controle da crescente burocracia, em meio a uma conjuntura internacional cada vez mais adversa, levaram

Stalin a desencadear expurgos nos escalões médios e superiores do Partido e da burocracia estatal entre 1936 e 1938. O terror desencadeado pelos expurgos stalinistas dentro do próprio grupo dirigente não visava conter uma revolta popular, que inexistia, nem uma oposição, que se encontrava dispersa, mas manter um estado de tensão interior, exagerando os inimigos de classe, numa fase de forte pressão externa. Isto também fornecia uma satisfação ao povo por falhas e dificuldades decorrentes das novas formas de organização, e permitia-lhe manter o controle sobre a burocracia por ele próprio estimulada. Tal transformação permitiria à URSS enfrentar com sucesso a dura prova da II Guerra Mundial.

Em 1929 teve início a Grande Depressão do capitalismo e em 1933 Hitler assumiu o poder na Alemanha, com um programa focado em destruir o socialismo e o Estado Soviético, que se encontrava em pleno desenvolvimento econômico. Enquanto os anglo-franceses adotavam o "apaziguamento" com o III Reich (que se voltava para o Leste), Moscou propunha a Segurança Coletiva antifascista. Ao mesmo tempo, o Japão atacava a Manchúria e entrou em guerra com a URSS em 1938-39. Visando ficar fora da guerra, durante a crise polonesa, a resposta de Stalin foi aceitar o Pacto de Não Agressão proposto pela Alemanha. Assim, recuperou os territórios bielorrussos e ucranianos anexados pela Polônia em 1920. Como diz a poesia de Blok, frente à indiferença da Europa, a Rússia ficou imóvel enquanto os hunos ferozes (nazistas) pilhavam os cadáveres.

Mas em 22 de junho de 1941 o III Reich, com apoio da Hungria, Romênia, Itália, Eslováquia, Finlândia e *batalhões de voluntários nazistas de vários países*, lançou de surpresa a Guerra Total e Racial contra a URSS. O Plano Geral OST, do Ministério alemão dos territórios do Leste era explícito:

"Não se trata apenas de destruir o Estado cujo centro encontra-se em Moscou. Trata-se, antes, de eliminar os russos como povo, de os desunir". As ambições geopolíticas hitlerianas se combinaram com o anticomunismo, a eliminação dos eslavos pela "raça superior" germânica e o antissemitismo, pois os judeus eram numerosos nos territórios conquistados e no Partido Comunista. O genocídio judaico seria acompanhado pelo eslavo, para despovoar as terras férteis para colonos alemães. Era algo mais terrível do que os mongóis haviam feito, pois eles desejavam apenas dominar para extrair tributos.

A resposta soviética foi mobilizar os recursos econômicos e a população na Grande Guerra Patriótica, uma guerra popular contra o invasor. Todo o território Ocidental da União Soviética foi destruído e metade dos mortos da II Guerra Mundial era constituída de soviéticos. Unidades de extermínio SS iam de casa em casa assassinando judeus e qualquer pessoa ligada ao regime, enquanto outros eram enviados para trabalhos forçados na Alemanha. Milhares de soldados aprisionados morreram de fome, juntamente com camponeses, cujas colheitas eram confiscadas. Por incrível que pareça, houve grupos nacionalistas que apoiaram o III Reich no Báltico, Ucrânia ocidental e Cáucaso. O povo que trabalhava duro nas fábricas transportadas para a Sibéria e o Cazaquistão, ou nas zonas ocupadas, morria como retaliação a atividades de resistência.

Os soldados enfrentavam 80% da Wehrmacht, enquanto os EUA e a Inglaterra postergavam a abertura de uma segunda frente. O Dia D só ocorreu quando o Exército Soviético já se encontrava próximo à fronteira da Polônia e da Romênia. A atitude dúbia do Ocidente capitalista em relação ao III Reich (também capitalista) contra a URSS (socialista) marcou tanto a percepção estratégica dos dirigentes como o sentimento popular. Em maio de 1945, Berlim foi tomada, encerrando a guerra na Europa e em agosto o exército japonês na Manchúria e na Coreia foi atacado pelos soviéticos, atendendo ao pedido americano feito na Conferência de Yalta. E os EUA lançaram as bombas atômicas sobre o Japão, que tinham mais a ver com a Guerra Fria que se esboçava do que a Guerra Mundial que acabava.

A situação da URSS no fim da guerra era bastante contraditória. O país se tornara membro permanente do Conselho de Segurança da ONU e, assim, passava a gozar do *status* de superpotência. Finalmente o mundo capitalista aceitava a revolução soviética (institucionalizada) como um fato consumado. Mas a que preço haviam sido obtidas tais vitórias? O que fora realizado nos anos 1930 teria de ser refeito por uma população debilitada e sob condições internacionais cada vez mais adversas. Se o militarismo alemão havia sido vencido, agora a *diplomacia atômica americana* emergia como uma nova ameaça. Inicialmente sem a Bomba A e bombardeiros estratégicos, Moscou teve que manter um enorme exército no centro da Europa, como forma de eventual retaliação a um ataque nuclear americano. A criação da Organização do Tratado do Atlântico Norte (OTAN, a maior organização militar da história) e o rearmamento alemão agravaram a cisão americano-soviética.

Stalin não desejava implantar o socialismo no leste europeu, porque necessitava que países capitalistas frágeis e pouco desenvolvidos formassem uma zona tampão securitária e político-ideológica protetora ao *seu* Socialismo em um Só País. O modelo soviético era marxista, mas também *russo* e, em culturas diversas, seria de difícil controle pelo Kremlin. As tropas soviéticas que perseguiram a *Wehrmacht* até Berlim foram recebidas na volta com desconfiança, triagem e repressão em casa. O chamado "segundo stalinismo" respondia à necessidade de reconstrução econômico-demográfica, proteção militar devido à Guerra Fria, contenção da influência Ocidental na URSS e para retomar o controle sociopolítico afrouxado durante a Guerra. Também era a reação exagerada de um líder temeroso, que não sabia como responder aos novos desafios e estava envelhecendo. Com o fracasso da aposta em uma Alemanha neutra e desarmada e com a implementação da Doutrina Truman e do Plano Marshall pelos EUA, foi necessário reagir com os meios disponíveis. A resposta foi a sovietização forçada do leste europeu em 1947-49, a improvisação de uma pequena Prússia luterano-socialista (a Alemanha Oriental, para barganhar) e a penosa autorização para Mao Tsé-tung conquistar o poder na China e para a Guerra da Coreia. Eram formas de desviar para a Ásia oriental a tensão militar que crescia na Europa, considerada a ameaça principal por Moscou.

No mundo inteiro existia uma onda de simpatia pelo socialismo e pela URSS, em 1945, que logo foi convertida em nova inimiga das democracias liberais. Na imprensa americana Josef Stalin deixou de ser o respeitável, simpático e paternal *Uncle Joe* (Tio Zé) da Guerra Mundial e se tornou o tirano da Guerra Fria. Era o fim da Aliança Antifascista na diplomacia. O surgimento de novos regimes socialistas não foi resultado de uma macroestratégia soviética, mas de circunstâncias reativas, gerando tanto trunfos quanto complexos problemas para Moscou, como Estado e como centro revolucionário mundial. Stalin sempre desconfiou da Internacional Comunista que via como mecanismo de introdução de ideias heréticas e espiões na URSS e, também, achava difícil controlar outros países, pois seu regime fora moldado para a Rússia.

De Krushev e Brejnev: a URSS como superpotência

Stalin morreu sem haver indicado um sucessor, pouco depois de profundas mudanças anunciadas no XIX Congresso do PCUS de outubro de 1952, abrindo espaço para uma nova geração. Isso gerou incerteza entre os aspirantes à sucessão prejudicados, Krushev, Beria e Malenkov. Stalin teve um derrame e ficou sem socorro por 12 horas na sua *dasha* (casa de campo), enquanto o trio negociava a sucessão e neutralizava eventuais reações. No dia seguinte, quando Stalin foi enviado ao hospital, seus arquivos desapareceram para sempre... Eles nunca mais foram encontrados e Stalin faleceu dia 5 de março de 1953, causando imensa comoção popular e alívio para os sucessores, que compartilharam o poder e começaram a lutar entre si.

URSS: repúblicas (1945)

— Limites da URSS
▨ Rússia

Autor: Paulo Visentini.
Cartografia: Camilo P. Carneiro (2016).

Durante a direção coletiva, as rivalidades continuavam, até que Krushev derrotou seus parceiros entre 1953 e 1955. No XX Congresso do PCUS (1956) lançou a desestalinização, que causou um impacto devastador. Ele, que fora um dos executores de muitos dos atos que denunciava, buscava com tal política deslegitimar seus rivais dentro do Partido. Também teorizou a diversidade de caminhos para o socialismo, inclusive com a possibilidade de transição pacífica ao regime, visando facilitar alianças políticas no Terceiro Mundo. A sua noção de distensão internacional se baseava no congelamento da situação mundial, o que afetava e subordinava as revoluções mais jovens, como a Chinesa.

As políticas de Krushov eram problemáticas, pois encorajaram o país a olhar para o Ocidente, não apenas na busca de métodos de produção, mas como parâmetro comparativo das realizações soviéticas. Os objetivos socialistas foram transformados em simples competição material e cediam no plano ideológico, criando, com isso, uma mentalidade de permanente inferioridade (um fenômeno cíclico na história russa). Estimulou um consumismo impossível de satisfazer, porque, diferentemente do capitalismo, seria para todos. Retomando políticas semelhantes à NEP, Krushov decidiu ampliar a produção agrícola em 1954 com o cultivo das Terras Virgens (as savanas e estepes menos férteis do sul da Sibéria e norte do Cazaquistão). A política interna de Krushev dava ênfase aos bens de consumo, dificultando a planificação, em detrimento dos bens de capital. A burocracia, que se sentia aliviada pelo fim da repressão de Stalin sobre ela, queria estabilidade e uma posição de maior destaque e poder, mas as constantes reformas de Krushov geravam incerteza e fracassos.

Krushov, que teve apenas dois anos de educação formal, nasceu em 1894 na fronteira da Rússia com a Ucrânia, tendo vivido nesta última desde os 14 anos. Estabeleceu ali suas conexões políticas, participou da coletivização agrícola, dos expurgos e governou-a de 1937 a 1948. Assim como o ucraniano Brejnev, quando falavam russo, tinham sotaque ucraniano, trocando o G por Kh. Para obter o apoio do Partido ucraniano na sucessão entregou-lhe a Criméia, povoada por maioria russa, em 1954, na comemoração do tricentenário da União da Rússia com a Ucrânia. Krushov modificou, mas não alterou estruturalmente o stalinismo, que representava um sistema repressivo, com o tradicional autoritarismo russo, mas viável e eficaz. Restaurou parcialmente a legalidade, eliminando o terror, liberalizando as artes e interrompeu os expurgos na burocracia, mas sempre humilhava publicamente os auxiliares.

A sociedade que os herdeiros de Krushov encontraram seria bem diferente daquela deixada por Stalin. 53% da população soviética era urbanizada, um desenvolvimento que fez a sociedade mais difícil de controlar, devido à complexidade organizacional. Krushov construiu novos conjuntos residenciais em larga escala. Houve melhoria da dieta alimentar (carne e frutas), além de maior oferta de eletrodomésticos, que contrastavam com a austeridade anterior. Todavia, os resultados de suas políticas voluntaristas e erráticas tornaram os problemas do Partido, do Estado, da economia, da ideologia e da política internacional ainda mais agudos. Os efeitos da desestalinização no leste europeu (revoltas na Polônia e Hungria em 1956), Crise de Berlim, o fiasco da Crise dos Mísseis em Cuba (1962) e a ruptura com a China de Mao foram desastrosos. Em outubro de 1964 foi retirado do poder por um golpe palaciano pelos líderes do Partido, do Estado e da KGB, foi confinado em sua *dasha* e seu nome nunca mais foi mencionado (faleceu em 1971).

Stalin apenas prometera a universalização dos serviços público-sociais, total ou parcialmente gratuitos, e cumpriu: pleno emprego, saúde, educação, transporte público, alojamento, emancipação da mulher, aposentadoria, férias, cultura e lazer. Já Krushov criou expectativas crescentes, prometendo mais consumo com menos esforço, e não tinha como cumprir, gerando frustração em relação ao sistema. Algo interessante é que o russo necessita, mais do que outros, acreditar estar certo e no que está fazendo. A ideia de construir um mundo novo, uma sociedade moderna e justa e a vitória na II Guerra Mundial faziam o povo se sentir agente da História. Se os alojamentos eram ainda precários, o metrô construído nos anos 1930 era o mais bem decorado do mundo e dava sentido de grandeza. Quando Krushov acusou Stalin e passou a dar mais benefícios para uma elite que se cristalizaria, a fé dos soviéticos e dos comunistas de outros países começou a declinar. Suprema ironia, sob Stalin o socialismo tinha mais prestígio do que a partir de Krushov.

Brejnev, sucessor de Krushov, nasceu em 1902 na Ucrânia e sua ascensão representou a opção conservadora da burocracia estatal e partidária, que buscava estabilidade e privilégios. Em uma década a estabilidade se transformaria em estagnação política e crescimento econômico menos acelerado. Os altos funcionários, não mais perseguidos e, sim, eternizados no poder, formaram a casta corporativa e até mafiosa conhecida como *Nomenklatura* (em particular a chamada *Máfia de Dnipropetrovsk*, atual Dnipro, Ucrânia). Ele modificou apenas as políticas mais radicais de Krushov, ofereceu maior consumo à população sem aumento da carga de trabalho, em troca de acomodação política. Para tanto, retomou a ênfase na centralização nos Planos Quinquenais.

Ao mesmo tempo incrementou a capacidade militar, a presença mundial e a ajuda ao Terceiro Mundo. A liberalização política e as reabilitações foram encerradas e houve um recrudescimento limitado e seletivo da repressão e da censura. Em 1970, o escritor Alexander Soljenitzen ganhou o Prêmio Nobel de Literatura e, em 1975, o cientista e dissidente ativista dos direitos humanos, Andrei Sakharov, recebeu o Prêmio Nobel da Paz. Isso ocorria quando, no espírito da distensão, a URSS firmava, em 1975, o Acordo de Helsinki sobre Direitos Humanos, nos marcos da Conferência de Segurança e Cooperação Europeia. Tal iniciativa se revelaria contraproducente para o Kremilin, pois seria usada pelo Ocidente contra o regime soviético.

Apesar disso, durante esse período, a URSS atingiria seu ápice como superpotência mundial, se aproximando de uma paridade estratégica com os EUA. Paralelamente, outros fatores atuaram para reforçar a tendência à multipolarização das relações internacionais, que sustentava a *détente*. Na passagem da década de 1960 para a de 1970, o equilíbrio nuclear estratégico era atingido, pois a URSS também passou a produzir mísseis balísticos intercontinentais (ICBM), capazes de atingir o território norte-americano a partir de bases de lançamento em solo soviético ou de submarinos nucleares. Além disso, nos anos 1960-1970 foi construída uma esquadra militar soviética para o Oceano Mundial. Só então a URSS se tornou, realmente, uma superpotência global.

Todavia, o custo de um (relativo) equilíbrio estratégico com os EUA era elevado, pois o PIB era metade do norte-americano, que ainda era complementado pelas demais nações industrializadas. E em 1971, Pequim aliou-se à Washington, além de, ao longo da década, ter havido uma dezena de Revoluções no Terceiro Mundo, que demandavam uma resposta: o urso teria de sair da toca. A competição socialista com a China abarcava a esquerda mundial e ameaçava tanto a legitimidade internacional como a doméstica (Moscou não poderia deixar de ser o "verdadeiro" socialismo). E a disputa diplomático-militar com os EUA capitalista, por sua vez, demandava compensações geopolíticas. Resultado: elevados custos para auxiliar Cuba, Nicarágua, Angola, Etiópia, Afeganistão, Vietnã e seus conflitos regionais. E, desde 1975, Brejnev sofreu vários derrames e pouco dirigia o governo, deixando seu sistema rodar no automático. Faleceu em 1982.

A vida das pessoas sob o socialismo soviético é fantasiada por alguns como um inferno e por outros como um paraíso, mas ela era somente *diferente*. As viagens ao Ocidente eram restritas, mas o turismo era praticado dentro do bloco, e nem tudo era repressão a intelectuais ou dissidentes políticos. A vida era bucólica e sem sobressaltos para o cidadão comum, se não contestasse abertamente o regime. Os tempos difíceis da industrialização, guerras e reconstrução também foram penosos até nos EUA. A vida individual era subordinada à coletiva. Mesmo sob um sistema centralizado havia participação política ampla e o consumo básico e os serviços públicos eram universais e garantidos, pois deles dependia a legitimidade do regime. Contudo, quanto mais obtinham, mais desejavam ter, especialmente a partir das reformas de Krushov.

O controle da população não ocorria somente pela repressão da polícia comum e secreta ou dos antigos campos de trabalho forçado, pois a população, em sua maioria, deveria atuar em alguma organização social. O esporte era universal, recrutando-se atletas em uma base ampliada, que se tornavam campeões em medalhas. Cotidianamente havia bibliotecas, parques, cinemas, teatros, museus, círculos de leitura e jogos, atividades das quais a população participava. Os mais desconfortáveis eram, paradoxalmente, da elite intelectual ou pessoas de projeção, que tinham um "teto" limitador de ascensão social, pois a sociedade era moldada para atender, predominantemente, às necessidades dos trabalhadores e da baixa classe média. Por isso a classe média Ocidental se sente tão desconfortável em relação ao sistema soviético. Em termos psicossociais os povos da URSS tinham o sentimento de ter construído uma potência respeitada (ou temida), que liderara a corrida espacial (o Sputnik, Gagarin) e os esportes.

Era também referência mundial nas ciências, nas artes e na literatura. Prokofief, Shostakovich, Kachaturian na música, Eisenstein no cinema e Gorki, Mayakovski, Sholokov (Nobel) na literatura, além de famosos atores e dançarinos. Era também o país de grandes cientistas, engenheiros, matemáticos, médicos e físicos. Prokorov, Básov, Semionov e Landau receberam Prêmios Nobel, Koroliov foi projetista de foguetes. Importante, as nacionalidades se desenvolveram e contribuíram para um projeto coletivo. O que importava era ser um *Homo Sovieticus,* portador da ética criada pelo sistema, e não à "etnia". Ele vivia num urbanismo inovador, com amplos espaços abertos, ainda hoje pouco conhecido no Ocidente (os turistas vão sempre aos mesmos lugares...).

O sistema soviético realizou um desenvolvimento autônomo que, mesmo criticado, obteve êxito econômico, ainda que, devido às fases de guerra e reconstrução, quase não houve condições normais. Isto ocorreu em um grande país relativamente fechado, apesar dos custos e distorções, sem o endividamento e a pilhagem dos recursos de outras nações. Essa industrialização, que não seguiu os parâmetros liberais, permitiu à URSS se tornar uma superpotência e manter uma competição político-militar estratégica com os EUA e a OTAN, paralelamente à elevação e estabilidade do padrão de vida da população. O planejamento se mostrou eficaz como modelo de alocação de recursos escassos durante o *take off* da economia, e apenas perdeu dinamismo quando o desenvolvimento criou uma estrutura de produção e consumo muito complexas.

As reformas de Gorbachov provocam a queda

Com o falecimento de Brejnev, Iuri Andropov, ex-chefe da KGB, assumiu o poder, imprimindo dinamismo, combatendo a corrupção e propondo uma reforma que melhorasse o socialismo. Houve certa recuperação e o povo começou a sair da apatia. O novo líder considerava que um bom padrão de vida não era apenas maiores salários e bens materiais, como no capitalismo desenvolvido. Para ele o socialismo representava "o aumento do nível de consciência e cultura, consumo razoável uma dieta racional, serviços públicos de qualidade e uma utilização moral e esteticamente adequada do tempo livre". Mas ele tinha uma saúde muito frágil e faleceu em 1984, sendo substituído pelo idoso Konstantin Chernenko, que também morreu um ano depois. O sucessor foi um jovem protegido de ambos, que se dizia continuador das reformas de Andropov.

Em 1985 Mikhail Gorbachov, um líder jovem pelos padrões soviéticos, assumiu o poder após uma década de desaceleração econômica e de forte tensão militar com o

Ocidente capitalista, em plena Nova Guerra Fria. Sua promessa de reformas foi uma esperança, mas seis anos depois ele passaria à história como o homem responsável pelo fim do socialismo, da União Soviética e da vitória do império americano. Suas confusas reformas produziram efeitos desestabilizadores através da *Perestroika* (reestruturação). Enquanto algumas medidas iniciais sinalizavam corrigir desvios do socialismo, outras se voltaram rumo ao capitalismo ou simplesmente ao caos. Constantes greves, indefinições e contradições das reformas provocaram uma crise econômica, a qual, associada às nascentes desigualdades sociais e ao descontentamento ensejaram críticas abertas. Elas eram, agora, permitidas pela *Glasnost* (transparência), sem que o governo respondesse pelo menos às mais absurdas. "Gorbi" tinha como *influencer* e conselheiro o liberal Alexandr Yakovlev, que fora embaixador soviético no Canadá por mais de uma década.

Através da descentralização Gorbachov esperava criar um novo quadro político visando desbloquear as reformas econômicas. Então ele provocou o colapso ao separar o Partido do Estado, desconstruindo o primeiro e, inevitavelmente, fragmentando o segundo. Face à decomposição do poder central e dos referenciais ideológicos, os líderes locais, tanto de oposição como os leais ao sistema, procuraram construir ou salvar suas bases de poder localmente. A *Perestroika* foi capaz de desarticular o sistema anterior, mas não possuía meios para construir nada de novo em seu lugar. O retraimento da ação estatal deixava um vazio que era preenchido pela criminalidade, pelo clima de desmoralização, de "salve-se quem puder" e pela apropriação de empresas públicas por setores da burocracia via graduais privatizações.

O *novo pensamento* diplomático de Gorbachov produziria, entre 1985 e 1987, o fim do confronto bipolar da Guerra Fria, sempre cedendo antecipadamente ao adversário, em seu comportamento de "fugir para diante". EUA e URSS passaram a convergir no Conselho de Segurança da ONU. Como consequência do fim da Guerra Fria, o abandonado leste europeu ruiu no segundo semestre de 1989, acabando com as defesas externas do "império". Sua busca de Ocidentalização e conexão com a Europa, através do estabelecimento da *Casa Comum Europeia*, de Lisboa a Vladivostok (no Pacífico), não se concretizou. Ele mesmo desperdiçou os recursos de poder que seriam necessários para uma negociação equilibrada. Sua tentativa de agradar a Primeira-Ministra britânica Margareth Thatcher e o Presidente norte-americano Ronald Reagan beiravam o ridículo. Eles se deram conta que Gorbachov sempre cederia, sem pedir nada de concreto em troca (aceitava as vagas promessas), e foram em frente.

Em março de 1991, um plebiscito aprovou a manutenção de uma federação renovada (a União de Estados Soberanos), a qual concederia maior autonomia às repúblicas e repartiria o controle acionário do patrimônio econômico da União entre elas (conforme a população), sem, entretanto, desmembrá-lo. Ora, tratava-se de um mecanismo que equilibraria as forças centrífugas, o que desagradou as repúblicas mais ricas, geralmente possuidoras de uma população menor. Em meados de 1991, enquanto "Gorbi" ia à reunião do G-7 (os países capitalistas industriais) pedir ajuda e voltava de mãos vazias, o ex-comunista Boris Iéltsin (agora presidente eleito da Rússia) interditava a atuação do Partido Comunista em todas as instituições públicas. Em 19 de agosto de 1991, um estranho e mal articulado golpe de Estado, desencadeado pelo segundo escalão do grupo gorbachoviano, procurou deter o processo de desagregação do país (sem abandonar as reformas), mas foi suplantado pelo golpe mais bem articulado de Iéltsin, então dirigente da Rússia. No Natal de 1991 a URSS deixou de existir, sob o olhar passivo de uma população desorientada, que não mais compreendia as manobras de cúpula e era arrastada pelos acontecimentos.

4. A Federação Russa, entre a Europa e a Ásia: Moscou em busca do Futuro

Em um contexto de impotência e decomposição do governo central, repúblicas federadas proclamaram suas independências e se apropriaram do patrimônio da União localizado em seu território. Algumas delas eram lideradas por nacionalistas separatistas liberais-conservadores, e outras por comunistas que apenas agiam reativamente, desejosos de evitar a caça às bruxas vermelhas desencadeada por Iéltsin. Ele reuniu os presidentes das três repúblicas eslavas em Minsk em 8 de dezembro, à revelia das demais. Rússia, Ucrânia e Bielorrúsia se retiraram conjunta e formalmente da URSS e criaram a Comunidade de Estados Independentes (CEI). Dia 21 de dezembro, em Alma-Ata, as outras aderiram ao Tratado, com exceção das bálticas e da Geórgia (que estava em guerra civil). Importante ressaltar que as iniciativas foram tomadas por Iéltsin, uma vez que o governo soviético era apenas um fantasma no segundo semestre de 1991.

Iéltsin, o Presidente da Rússia Soviética, se tornou Presidente da Federação Russa, seguindo-se uma década de caos e sofrimento, com a humilhante e inútil busca de aceitação pelo Ocidente. Seu governo foi uma combinação de autoritarismo anárquico com uma cleptocracia (governo de ladrões), com uma população abandonada à própria sorte, em uma realidade para a qual não estavam preparados. Em dezembro de 1999, ele renunciou (para evitar o *impeachment* pela Duma), passando o poder para Vladimir Putin, em troca de imunidade. A Rússia apenas reage, historicamente, quando atinge o fundo do poço, e Putin, uma vez eleito e reeleito várias vezes, buscou reerguer seu combalido país.

A "nova" Rússia, de Iéltsin a Putin

Dia 25 de dezembro de 1991, em pleno Natal, Gorbachov renunciou e passou o poder para Iéltsin. No dia seguinte foi oficializada a dissolução da União Soviética em uma reunião do Soviete Supremo, que contou com a presença de apenas trinta deputados. Gorbachov se revelava uma figura patética. Ele, depois, concorreu à presidência da Rússia, obtendo 1% dos votos, e comemorou seus 80 anos, em 2011, não na Rússia, mas num jantar com a elite britânica no Reino Unido, com seus agradecidos admiradores. Já o democrata Iéltsin, quando o parlamento não aprovou suas medidas, em 1993, dissolveu-o, mas os deputados resistiram na Casa Branca e demitiram o presidente. Os papeis se invertiam, pois ele cercou o mesmo prédio onde resistira em 1991 e, ao contrário dos golpistas de então, ordenou que os blindados bombardeassem o parlamento.

A Rússia pós-soviética foi governada por Iéltsin até o fim de 1999, quando renunciou em favor de Vladimir Putin, como foi visto. Foi um período desastroso e traumático, pois o PIB caiu quase pela metade nos primeiros anos e, uma vez no poder, o "democrata" se revelou autoritário e errático. As máfias floresceram, se tornando internacionalizadas, a criminalidade e os conflitos, como o da Chechênia, marcaram o declínio e desmoralização da nação. As privatizações produziram um grupo de bilionários em volta do presidente, arruinando o patrimônio público nacional, enquanto a maioria mergulhava na pobreza absoluta. A inflação foi de 2.600% em um ano, o que acabou com a poupança e jogou na miséria os aposentados e funcionários públicos, a esmagadora maioria da população. Tudo sob orientação e supervisão de economistas neoliberais anglo-americanos, os *Chicago Boys*.

A população, a expectativa de vida e o número de nascimentos caíram drasticamente, enquanto o desemprego crescia. Grande parte das aldeias foi abandonada, idosos morriam de frio por não poder pagar calefação, além de surgir prostituição, abandono de crianças, consumo de drogas, criminalidade, suicídios e devastação ambiental. Assim como a implantação do socialismo causou sofrimento, sua "abolição" na Rússia também provocou imensas provações. O Estado, chefiado por um líder sempre alcoolizado, viveu um caos administrativo, não conseguindo sequer cobrar tributos das províncias e correndo o risco de desintegração da federação russa remanescente. As arbitrariedades políticas do "liberal" Iéltsin não eram levadas em consideração pelo Ocidente, pois sua leniência político-econômica internacional lhes era muito mais valiosa.

No plano internacional, a Rússia herdou a posição da URSS na ONU, mas praticou uma improdutiva diplomacia pró-ocidental, divorciada da realidade e do interesse nacional. Com Vladimir Putin, houve uma recuperação social, política, econômica e internacional, disciplinando os oligarcas e combatendo a criminalidade e o caos administrativo. Isso foi conseguido retomando certas políticas sociais e resgatando símbolos da época da URSS, demandados pelas classes populares, e rearticulando as forças armadas, mas também restaurando a cultura política russa, de tendência centralizadora e autoritária, para desconforto da classe média liberal. Sua contínua reeleição revela mais fragilidade do que força, pois falta ao país uma identidade nacional e ao Estado um partido de sustentação, como na China. A população, em linhas gerais, o apoia, mas ele teve que bloquear canais de ingerência externa na Rússia (via ONGs), e aumentar o controle sobre a sociedade. O país voltou a se associar com várias ex-repúblicas soviéticas, o que lhe valeu a rivalidade ocidental e conflitos com a Geórgia e a Ucrânia. Contudo, apesar dessa recuperação, a Rússia segue qualitativamente mais débil que a URSS e seu capitalismo de apadrinhados não deseja nem pode recriá-la. Seu PIB equivale ao da Espanha, que tem uma população equivalente a apenas 30% da russa.

Putin ascendeu ao poder em 1999 (com 48 anos) e o governo passou a trabalhar pelo fortalecimento doméstico e internacional da Rússia. Putin foi, na antiga Alemanha Oriental, agente de nível médio da KGB, a polícia política soviética. Mas o que moldou sua percepção política foi assistir ao dramático fim da Alemanha socialista e da própria URSS. Uma vez no poder, ele demonstrou dinamismo, força e habilidade. Iniciou um combate às máfias e ao crime organizado, ao mesmo tempo em que fez um pacto com os oligarcas "patriotas": eles poderiam tocar os negócios, mas perdiam o poder político. Além disso, certos setores estratégicos foram renacionalizados (em detrimento dos oligarcas pró-Ocidentais) e os demais passaram a ter apoio do Estado para atuar no exterior. Também foi feita uma aliança com a Igreja Ortodoxa, que passou a apoiar o regime em troca de algumas benesses. Putin empregou os recursos do Estado contra opositores e intromissões de potências da OTAN, mas não poderia fazer milagres, por falta de bases de poder sólidas, agindo por etapas.

O restabelecimento da ordem nas ruas e nas instituições foi acompanhado pela recuperação da abalada autoestima da sociedade, que, em sua maioria, apoiava as medidas, após uma década de descalabro. A economia voltou a crescer, não apenas devido ao aumento do preço do gás e do petróleo, mas também da reabertura de fábricas e de uma melhor gestão da economia, apoiada pelo Estado. Um "milagre" foi reverter o déficit agrícola da Rússia, que se tornou grande exportadora de cereais, enquanto o acentuado declínio demográfico foi sendo lentamente reduzido. Buscava também promover uma síntese entre a Rússia tradicional e o legado soviético. Putin afirmou que "o desmantelamento da URSS representou a maior tragédia da história russa" e promoveu a ressovietização de alguns símbolos. Resgatou a música do hino nacional (mas não a letra) e a bandeira vermelha para as forças armadas, embora sem a foice e o martelo. Ao mesmo tempo, comemorações nacionais como a derrota da Alemanha nazista foram revalorizadas. Mas nada disso representou a volta ao socialismo e, sim, a recuperação de algumas políticas sociais em benefício dos setores mais empobrecidos e a busca de segurança externa.

Relações, conflitos e integrações no espaço ex-soviético

Do desmembramento da URSS surgiram quinze novos países: Rússia, Ucrânia, Bielorrússia, Moldova (eslavos); Estônia, Letônia, Lituânia (no Báltico); Armênia, Geórgia, Azerbaijão (no Cáucaso); Cazaquistão, Uzbequistão, Turcomenistão, Quirguistão e Tadjiquistão (na Ásia Central Muçulmana). É importante lembrar que as cinco repúblicas da Ásia Central, a Armênia e a Bielorrússia eram opostas ao desmantelamento da URSS, e se tornaram independentes contra a vontade de seus povos e dirigentes, pois dependiam financeiramente do governo central e não desejavam reformas. A Ucrânia, que desejava um *status* equivalente ao da Rússia na URSS, e havia jogado com o nacionalismo, foi ultrapassada pelos acontecimentos e não avançou muito nas reformas.

A desintegração da URSS não foi, contudo, o resultado de um conflito étnico ("nações"), porque as novas repúblicas eram, também, unidades administrativas plurinacionais. Vinte e cinco milhões de russos ficaram em outras repúblicas e não criaram grandes problemas quando das independências. Apenas reagiram (ou emigraram) quando foram considerados cidadãos de segunda classe em outras repúblicas, e a Federação Russa tem milhões de ucranianos e de povos de outras nacionalidades. A razão para o colapso se encontra no enfraquecimento do poder central (promovido por Gorbachov e sua Perestroika) e no entrincheiramento de grupos políticos nas unidades administrativas federadas. O clímax ocorreu após Iéltsin decidir retirar a Rússia da União (e, portanto, acabar com ela) e institucionalizar a reimplantação do capitalismo na Rússia, onde tinha poder para tanto.

Aqui é necessário analisar o que era a Questão Nacional e sua "união de povos iguais". Os bolcheviques sempre criticaram a russificação imposta pelo Czar aos demais povos, mas em 1917-1921 o Império estava destroçado, com regiões inclusive independentes. O modelo federal da URSS, adotado em dezembro de 1922 (quando acabara a Guerra Civil), resultou de um projeto misto de compromisso entre as concepções de Lenin e as de Stalin. Eles divergiram publicamente, pois o primeiro desejava criar uma "união aberta", a União das Repúblicas Socialistas da Europa e da Ásia, à qual as novas Revoluções externas poderiam aderir. Mas será que a China de Mao, por exemplo, aceitaria que sua capital fosse em Moscou?

Stalin, o único não russo da liderança que conquistou o poder, havia sido encarregado, em 1913, de estudar a Questão Nacional, para que os bolcheviques respondessem às teses austro-marxistas. Era apenas um debate teórico, mas ele compreendeu a força do nacionalismo, pouco considerada pelo marxismo clássico. No tocante à construção da ordem soviética, ele adotou uma postura mais realista, criticando o modelo de Lenin, o qual carecia de um centro histórico-geográfico aglutinador. Stalin preferia uma estrutura de autonomias nacionais dentro de uma Rússia Socialista Soviética mais centralizada, mas teve que ceder, e o resultado foi um compromisso adaptado do que Lenin desejava, a União das Repúblicas Socialistas Soviéticas.

Foi montada uma estrutura bastante complexa. A União era responsável pela defesa externa, segurança interna, diplomacia, planejamento econômico, transporte e comunicações. As Repúblicas Federadas, por sua vez, administravam a justiça, a educação, os assuntos interiores, a propriedade da terra, a saúde e a seguridade social. Assim, a nova estrutura administrativa permitiu a industrialização acelerada e criação de um Homem Soviético supranacional. Apesar do elevado grau de centralização e de o direito à secessão ser apenas teórico, houve o florescimento cultural e econômico dessas nacionalidades, muitas das quais puderam, após a russificação forçada do czarismo, voltar a empregar livremente seu idioma. Havia quatro grupos étnicos principais: indo-europeus (75% do total: eslavos, armênios e alemães), altaicos (mongóis, turco-tártaros), uralianos (finlandeses, carelios, komis, nenets) e caucásicos (georgianos e minorias do Cáucaso)

Todavia, vale notar que a decisão sobre quais seriam as Repúblicas Federadas, as Autônomas e os Distritos Nacionais, resultaram de arranjos políticos locais forjados durante a Revolução e a Guerra Civil. Além disso, foi relevante a construção da nova estrutura estatal e de suas implicações internacionais. Por exemplo, Ucrânia e Geórgia haviam sido reconhecidas como Estados independentes por países europeus ao fim da I Guerra Mundial, e foi necessário estabelecer um governo bolchevique local, que, então, solicitava adesão à União. Muitas das fronteiras entre povos foram demarcadas simplesmente buscando consolidar o poder soviético. A Ucrânia, por exemplo, foi invadida por estrangeiros e disputada por diversos grupos rivais locais. As cidades industriais da Bacia do Don e os portos do Mar Negro, majoritariamente russas e pró-soviéticas, foram integradas na nova república para criar um equilíbrio com a parte agrária, mais nacionalista e conservadora, de ucranianos e cossacos.

Outro problema foram os países bálticos, que durante a Guerra Civil conseguiram, com apoio externo, derrotar os bolcheviques locais e obter a independência. Nos anos 1930 se tornaram ditaduras de tipo fascista, em 1940 foram anexadas à URSS (Pacto Ribbentrop-Molotov) e, depois, apoiaram o III Reich na Guerra, sendo reanexadas em 1945. Muitos países ocidentais não reconheceram diplomaticamente tal incorporação. Por fim, devido à industrialização, mineração e ao desenvolvimento de novas áreas agrícolas, houve muita migração interna e mestiçagem. Os países bálticos eram pouco povoados e quando foram industrializados, após 1945, atraíram mão de obra de outras regiões. Quase 40% da população da Letônia, por exemplo, era russa ou ucraniana, surgindo "ilhas" desses povos também nas cidades e minas da Ásia Central.

O cultivo da Terras Virgens da estepe do Cazaquistão, por sua vez, fez com que russos, ucranianos e alemães fossem mais numerosos que os pastores nativos, que em 1989 eram apenas 38% da população da república. Também houve remoção forçada de povos "não confiáveis" de zonas de fronteiras estratégicas e de comunidades que colaboraram com os nazistas. Embora os russos fossem a etnia mais numerosa (50% do total), na maior parte da existência da URSS ela foi governada por um georgiano (30 anos) e dois ucranianos (30 anos), e apenas no início e no fim por russos (14 anos). Por incrível que pareça, os russos estavam decepcionados durante a *Perestroika*, por acreditarem que financiavam os outros povos e eram acusados de dominadores, uma frustração que o esperto e alcoólatra Iéltsin soube explorar.

É importante considerar que, ainda que houvesse ressentimentos nacionalistas adormecidos, o que serviu de elemento catalizador dos conflitos foi a apropriação local do poder, tendo em vista o enfraquecimento do centro e a disputa por recursos. Se olharmos um mapa populacional, pode-se perceber que *todas as repúblicas* eram multiétnicas e que a mobilização se deu pelas lideranças *administrativas*. Os russos que viviam na Ucrânia e no Cazaquistão não se mobilizaram em favor de Iéltsin, e sim acatavam as autoridades locais, pois ali viviam há várias gerações. Da mesma forma, milhões de funcionários não russos de cargos federais exercidos dentro da República Russa tampouco foram molestados. Quando o Partido foi enfraquecido, o que passou a contar foi a máquina estatal e a disputa entre projetos sociais diferentes (reformistas e socialistas).

A maioria dos conflitos e tensões étnicas aconteceu após as independências, especialmente naqueles Estados que se autodefiniram como *étnicos* (bálticos, Geórgia). O problema da Ucrânia, por exemplo, não era com seus russos, mas a relação com a Rússia de Iéltsin e suas reformas e perseguição ao PCUS em 1990-1991. Após 1992, foi a partilha dos recursos econômicos (a economia era transfronteiriça), das indústrias militares, das forças armadas e a representação internacional (a Rússia foi considerada única herdeira da URSS pela ONU). O nacionalismo passou a ser uma forma de legitimar o poder em cada república. O presidente ultranacionalista do Turcomenistão independente, Nyasov, liderou até morrer o mais antirrusso, corrupto e autoritário regime pós-soviético. Mas ele era casado com uma russa, e a família seguiu tendo passaporte da Federação Russa, e o país é um dos mais íntimos aliados da OTAN, pois faz fronteira com o Irã e o Afeganistão.

Outro exemplo é o do Cazaquistão, que possuía um território imenso e rico em recursos naturais, mas uma população pequena, em que os cazaques eram apenas 38%, menos numerosos que os russo-ucranianos. Como as demais repúblicas da Ásia Central, ficou independente contra sua própria vontade, pois dependia das transferências financeiras de Moscou. Era preciso se proteger de Iéltsin. Mas com seus recursos naturais imensos, tornou-se próspera e estável, desenvolvendo um nacionalismo defensivo para não perder a metade norte do país, onde os russos seguiram tendo um lugar de destaque, mesmo que alguns tenham emigrado por razões familiares.

O Cáucaso constitui uma região montanhosa de notável fragmentação étnica, conexão entre a Ásia e a Europa, onde há conflitos não resolvidos. No rico Azerbaijão, a pobre Armênia passou a apoiar as reivindicações separatistas da população armênia do enclave de Nagorno-Karabakh, desencadeando uma guerra civil. Ainda assim, as forças armênias lograram manter o controle sobre a totalidade da região em disputa e território azeris, até a ofensiva do Azerbaijão recuperar, em 2020, parte do território perdido. Já a vizinha Geórgia passou por períodos de turbulência política após a sua independência, com o governo ultranacionalista de Gamsakurdia negando direitos às minorias étnicas. As repúblicas autônomas da Abcásia e Ossétia do Sul pediram apoio à Rússia, que, ao lado, travava a guerra da Chechênia. Houve trégua durante o governo Chervadnadze, mas, em 2003, uma Revolução Colorida (Rosa) com apoio Ocidental derrubou o presidente, trazendo ao poder Mikhail Saakashvili, que vivera nos EUA. Ele buscava recuperar os territórios pela força. Ele aprofundou relações com a OTAN e a União Europeia e se tornou parceiro na construção de um grande oleoduto conectando o Azerbaijão à Europa, o Nabucco. Em 2008, forças georgianas invadiram a Ossétia do Sul, mas foi um erro de cálculo, porque a Rússia prontamente retaliou com toda força, expulsando-as. Ambas as repúblicas reivindicam a incorporação à Rússia através de um referendo no modelo da Crimeia, mas Moscou não aceitou, apenas deixando forças de paz para garantir a segurança das duas.

Após a dissolução da URSS, além da criação da CEI, para lidar com assuntos securitários alguns países do bloco (Rússia, Armênia, Quirguistão, Tajiquistão, Cazaquistão e Belarus) fundaram a Organização do Tratado de Segurança Coletiva (OTSC). A Ucrânia nunca ratificou a Carta de fundação da CEI em represália ao fato de a Rússia ter sido reconhecida como sucessora legal exclusiva da URSS, e é apenas um membro associado do bloco. As nações que desejavam se afastar de qualquer influência russa fundaram, em 2001, o grupo GUUAM (Geórgia, Ucrânia, Uzbequistão, Azerbaijão e Moldávia), pró-Ocidente. Trata-se de um corredor estratégico que vai até o Afeganistão e separa a Rússia (e seus oleodutos e gasodutos) do acesso direto ao Oriente Médio. Em 2005, o Uzbequistão sofreu uma Revolução Colorida, fracassada, e retirou-se da organização. Os países remanescentes têm como principal pauta a crítica a movimentos separatistas, e contam com apoio russo.

A integração econômica regional avançou com a criação da União Econômica Eurasiática (UEE). Ela consiste em um projeto ambicioso de integração econômica que constitui um dos principais eixos da atuação da Rússia no espaço pós-soviético. O bloco visa a integração econômica complementar, superando a simples associação comercial da União Aduaneira. Além disso, possui maior densidade institucional, contando com um banco de desenvolvimento próprio. Vladimir Putin propôs que o bloco fosse um meio para articular políticas econômicas, a integração da infraestrutura e forças de defesa coletiva — inclusive os atuais membros da UEE são todos membros da OTSC. A União entrou em vigência em maio de 2014, sendo integrada por Rússia, Belarus, Armênia, Cazaquistão e Quirguistão.

Em 2014, todavia, eclodiu a crise da Ucrânia, que constituiu o berço histórico da Rússia na Idade Média. Outro problema mal-compreendido é a desintegração da URSS, que produziu a independência da Ucrânia. O catalisador foi a separação entre o Partido e o Estado, e o dirigente ucraniano era comunista e adversário de Iéltsin. A Ucrânia ressurgiu, assim, meio por acidente. Por trás das bandeiras nacionalistas, o que a Ucrânia desejava era escapar do choque liberal da Rússia, e pouca coisa mudou em sua economia, apenas surgiram os indefectíveis oligarcas. Mas o país perdeu muito economicamente com o fim da URSS, ficando em situação pior que a Rússia, que arrendou bases navais na Crimeia.

A Rússia, mesmo com a recuperação de Putin, é uma nação ainda vulnerável, na qual a liderança procura sempre nova legitimação para as próximas eleições e para enfrentar as pressões Ocidentais. E a construção da UEE, proposta por Moscou, tinha na Ucrânia um elemento indispensável. Mas a crise econômica na Europa e na Ucrânia acirrou as posições internas e precipitou os acontecimentos. O presidente Yanukovych, pró-russo, decidiu adiar o acordo com a UE e aderir à UEE, por razões financeiras. A primeira oferecia conselhos e a renegociação da dívida, a segunda investimentos e redução do preço do gás. Mas, durante as Olimpíadas de Sochi, houve nova Revolução Colorida em Kiev (Confrontos da Praça Maidan), apoiada por grupos de extrema-direita locais e estrangeiros. Na verdade, tratou-se de um Golpe de Estado violento, que derrubou um governo eleito e iniciou uma guerra civil entre os golpistas e os apoiadores do governo derrubado. O novo governo ucraniano era alinhado aos nacionalistas radicais da região Ocidental.

O evento provocou uma rápida e bem calculada reação do Kremlin na estratégica península da Crimeia, povoada por maioria de russos, que foi apoiada e reincorporada à Rússia após um plebiscito. A determinação de Putin, todavia, se deveu menos à solidariedade aos russos locais e mais à importância da base naval de Sebastopol, da qual, certamente, a esquadra russa seria expulsa e a da OTAN poderia se instalar. Mas os outros russos da Ucrânia não tiveram a mesma sorte. O novo governo de Kiev revogou decretos que davam à língua russa o *status* oficial, ao lado do ucraniano e enviou milícias, soldados e policiais contra os apoiadores do presidente deposto. Em Odessa eles se refugiaram em um edifício, que foi incendiado e os pró-russos morreram carbonizados. Também foram expulsos de Kharkiv, de Mariupol (cidade agora retomada pelos russos) e partes dos *oblasts* (províncias) de Donestk e Lugansk. Mantiveram apenas metade do território das duas últimas, como repúblicas separatistas. Mas Moscou não as incorporou, considerando-as como uma carta para negociar (via Acordos de Minsk) uma acomodação que impedisse a adesão de Kiev à OTAN. Nas "Repúblicas Populares" de Donetsk e Lugansk a guerra continuou desde então, de forma intermitente. Como o exército ucraniano estava desorganizado após o golpe, foram apoiados por milícias de extrema-direita, como o Batalhão Azov, simpatizante do III Reich.

O lugar da Rússia na política mundial

A Federação Russa é uma potência mundial ou regional? Apesar de retomar a cooperação com ex-aliados na África, América Latina e Oriente Médio, de ser uma potência energética e de contar com empresas mundializadas na área do petróleo e gás e de sua capacidade militar e tecnológica, seus interesses ainda são regionais. Não haverá nova União Soviética, pois o que Moscou busca é ter um espaço aceito pelo Ocidente. Mas, como argumenta Kissinger em seu último livro, *Ordem Mundial*, o Ocidente age de forma equivocada e empurra a Rússia para o lado da China. Os EUA e a UE toleram regimes muito mais autoritários que o de Putin, sem questioná-los. A política mundial sempre teve pesos e medidas diferenciados conforme as circunstâncias.

Externamente, Putin não apenas formalizou a Parceria Estratégica com a China, como atuou com ênfase contra a expansão da OTAN e a implantação do chamado Escudo Antimísseis (TMD). Além disso, efetuou visitas históricas à Coreia do Norte e à Cuba, reaparecendo em antigas áreas de influência, como na África, na Síria (cujo regime laico e os cristãos salvou dos extremistas islâmicos) e novas como a Venezuela. Com relação aos Estados que antes integravam a URSS, o novo dirigente buscou reintroduzir o ritual respeitoso da época comunista e dar atenção e apoio às novas nações. Negociou habilmente um acordo na Chechênia, mas o terrorismo islâmico na Rússia continuou a ser um problema tão sério como no Ocidente, inclusive estimulado por outras nações.

Paralelamente, surgiram crescentes tensões no relacionamento com os EUA provocadas pelas políticas de Bush, especialmente após o 11 de setembro e as disputas na Ásia Central. Ocorre que a debilidade econômica da Rússia, que estava sendo revertida, convive com alguns instrumentos de poder: o país continua renovando na área tecnológica de setores militares, nucleares e aeroespaciais, exportando produtos e conhecimento. A venda de petróleo, gás e minerais estratégicos, bem como de cereais, têm garantido uma balança comercial favorável. A recentralização parcial do poder pôs um freio à desintegração administrativa, criando um cenário interno mais estável. Todavia, o endividamento externo, a dificuldade de atrair capitais e a estagnação demográfica eram fatores negativos.

A tentação americana de aproveitar a fundo suas vantagens para impor uma nova hegemonia constitui o grande motor da reação russa. Putin necessitava de uma diplomacia autônoma para poder barganhar uma melhor cooperação econômica com o Ocidente, já que a fase de convergência de Iéltsin não dera resultados. Em segundo lugar, buscava uma maior cooperação econômico-militar com os países da CEI, e estabeleceu uma inflexão em direção à Ásia, lançando os fundamentos de um polo eurasiano, como sugerido por Evgueni Primakov, acadêmico orientalista e ex-Primeiro-Ministro russo, anterior a Putin. Era uma forma de contrabalançar a expansão da OTAN, que após a queda do Muro de Berlim incorporou não apenas Estados da Europa Oriental ex-socialista, mas inclusive as três Repúblicas Bálticas ex-soviéticas, dobrando o número de Estados-Membros. Isso violava o que havia sido prometido à Gorbachov, além de haver se tornado uma Organização *ofensiva* em 1999, que bombardeou a Iugoslávia por noventa dias.

Temerosa, a Rússia tratou de reverter o quadro de declínio, recuperou sua concepção de interesse nacional e tem mantido crescente autonomia frente ao Ocidente, apesar de sua dependência financeira. Estabeleceu uma parceria estratégica com a China e participou da criação da Organização de Cooperação de Xangai (OCX). A OCX foi formada em 1996 por China, Rússia, Cazaquistão, Tadjiquistão e Quirguistão. Em 2001 o Uzbequistão aderiu e, em 2016, a Índia e o Paquistão foram admitidos como membros plenos. Irã, Afeganistão, Mongólia e Belarus são Estados observadores.

Além da cooperação econômica, e com o desenvolvimento de meios de transportes seguros para ligar a Ásia à Europa, a OCX constitui a base para a reabertura da Rota da Seda. A fronteira se transformou numa zona de comércio e uma rota de passagem para mercadorias produzidas na China, que chegam por trem à Europa em menos tempo e a um menor custo que por via marítima. Em sentido inverso, oleodutos e gasodutos vão da Rússia e da Ásia Central em direção à China, grande consumidora de energia. O *Heartland* da geopolítica clássica, com a convergência eurasiana das potências terrestres, está se tornando mais poderoso e afetando a balança de poder mundial com as potências marítimas. Rússia e China propõe um sistema multipolar, regido por organizações multilaterais, mas os anglo-americanos desejam manter sua liderança e geram impasses.

A OCX possui grandes recursos de poder nos campos militar, econômico, energético e demográfico. China e Rússia, que são duas grandes potências, Membros Permanentes do Conselho de Segurança da ONU e dotadas de armamentos nucleares (assim como a Índia e o Paquistão). Elas possuem posições convergentes no sistema internacional, e a adesão da Índia e do Paquistão aumentou qualitativamente o peso da Organização. Enquanto a China hoje possui a segunda maior economia do mundo e é o país que mais cresce no sistema internacional, a Rússia tem o mais extenso do planeta, que é rico em diversos minerais raros e essenciais, como o petróleo e o gás natural. No aspecto securitário, China e Rússia avançam na modernização de suas forças armadas, especialmente navais e aeroespaciais. O ingresso da Índia incrementa o peso político-militar da OCX.

A participação de Moscou no grupo BRICS (Brasil, Rússia, Índia, China e África do Sul), criado após a crise de 2008-2009, se tornou um elemento de projeção russa na ordem mundial. O BRICS não constitui um "bloco", mas uma associação que articula as grandes nações emergentes, como forma de obter a inclusão delas nas instâncias decisórias político-econômicas globais, bem como sua democratização. A criação de um Banco de Desenvolvimento se tornou uma alternativa ao FMI e ao Banco Mundial e à utilização do dólar como forma de controle das demais economias. Trata-se, também, de uma ferramenta para a construção de uma ordem internacional multipolar que retrate a realidade do século XXI.

Todavia, cabe uma indagação estratégica: Rússia e China são realmente aliados? Um problema geopolítico criado pelo desaparecimento da URSS foi o surgimento de uma faixa de instabilidade na zona de fratura entre o ex-bloco soviético e o mundo capitalista, especialmente nos Bálcãs, no Oriente Médio e na Ásia Central. Os mais graves conflitos e tensões nos últimos trinta anos ocorrem nessas regiões. A China se tornou a segunda economia do mundo e a Rússia é uma potência energética e, graças ao legado soviético, tem capacidade militar de dissuasão, indústria aeroespacial de ponta e tecnologia militar avançada. Todavia, Rússia e China são aliadas, *ma non tropo*, pois a situação de ambas é diversa e há desconfiança mútua.

A cooperação entre a China e a Rússia tem crescido e é considerada uma aliança antiamericana. Mas a situação não é bem essa. A nação mais populosa e a de território mais extenso do planeta possuem notável complementaridade.

Ambas têm grande peso econômico. A China, como novo polo industrial do mundo e com acelerado crescimento, poderá tornar-se, em breve, a maior economia do planeta. Já a Rússia é uma potência energética, possui recursos naturais estratégicos e tecnologia de ponta na área militar, aeroespacial e nuclear (herdadas da antiga URSS) e reemerge com peso regional. Os dois Estados integram o Conselho de Segurança da ONU como membros permanentes, o BRICS, a OCX e são potências nucleares. Militarmente, enquanto a China aumenta sua capacidade de dissuasão, a Rússia conserva, ainda, um arsenal estratégico capaz rivalizar com a superpotência americana. Além disso, ocupam a maior parte do espaço eurasiano e foram, no século XX, os protagonistas das duas maiores revoluções e regimes socialistas.

Curiosamente, essa identidade política, além das complementaridades materiais objetivas, em lugar de gerar convergência, produziu antagonismos de consequências globais. A aliança sino-americana dos anos 1970-80, por exemplo, contribuiu para a derrocada da União Soviética. Assim, a percepção que cada uma das elites dirigentes possui da outra é determinante, e a cooperação buscando evitar a intrusão do poder americano no coração da Eurásia é apenas reativa. As debilidades internacionais dos dois países contribuem para tal convergência. Mas o que impede que evoluam para uma aliança completa? O aspecto mais relevante é o descompasso entre ambos os países, pois nunca houve condições necessárias para uma aliança equilibrada. Durante a Guerra Fria, a URSS era qualitativamente mais poderosa que a China, e hoje essa supera amplamente a Rússia.

Assim, historicamente, ambas buscaram evitar ser o parceiro menor da aliança, situação que persiste, apesar das novas condições vigentes. Nesse sentido, Moscou e Beijing defendem a formação de um sistema mundial multipolar, o qual garantiria a autonomia de cada um. Por fim, existe uma disjuntiva sociopolítica entre ambas, na medida em que a Rússia abandonou a referência socialista, possui uma frágil projeção internacional e apresenta traços de instabilidade no plano doméstico. A China, por outro lado, apesar de forte projeção na economia mundial, mantém sua referência socialista, com um projeto de longo prazo e um invejável grau de governabilidade interna.

As ameaças provocam o urso a sair da toca

O governo Trump deixou muito claro que a principal preocupação norte-americana é limitar a ascensão econômica da China e aumentar o controle sobre a União Europeia, obrigando-a a assumir os custos de renovação da OTAN. Daí o *Brexit* e a pressão sobre as companhias da UE que concorrem com as dos EUA. A única coisa que mudou com Biden é que suas conexões com os negócios na Ucrânia (denunciadas por Trump) tornaram o confronto com a Rússia uma prioridade, inclusive como forma de eliminar a cooperação econômica UE-Rússia. O caminho da trágica guerra russo-ucraniana foi gestado no Ocidente, como demonstrado em documentos de conhecimento público, e criticado por renomados acadêmicos conservadores norte-americanos como Kissinger e Mearsheimer. Novas sanções foram anunciadas, os veículos noticiosos russos RT e Sputnik (de grande audiência internacional) foram bloqueados no Ocidente por serem "tendenciosos" (Sic!), demoliam-se monumentos comemorativos à derrota do III Reich, iniciaram os bombardeios ao Donbass e planos para retomar a Crimeia, *antes do ataque russo de 24 de fevereiro de 2022.* A desaceleração das economias Ocidentais desde 2018 foram agravadas pela pandemia da Covid-19, completando o cenário de tensão internacional.

Economicamente, a Ucrânia sofreu mais que a Rússia com o fim da URSS e tem passado por forte instabilidade política, com Golpes de Estado e lutas internas entre facções, agravadas com a adoção de um perfil *nacional*, que restringe os direitos da comunidade russa. Mas ela não conseguiu construir uma nação, e buscou ajuda e inspiração Ocidental. A ideia de adesão fácil à prosperidade europeia produziu uma ilusão, que se transformou em frustração. A Rússia é uma federação, onde milhões de ucranianos vivem sem discriminação, mas não aceita que uma nação "irmã" integre a OTAN. Embora ambos tenham problemas de autoritarismo (perseguição a opositores, jornalistas e candidatos) e os indefectíveis oligarcas, Moscou tem dirigentes experientes. Putin assumiu logo após o colapso financeiro russo de 1998 e dos bombardeios da OTAN à Iugoslávia em 1999. A Rússia, por sua vez, não visa apenas a sua segurança, pois também tem uma visão holística da crise civilizacional atual e propostas para sua superação (ver Anexo).

Já a Ucrânia é comandada por um grupo jovem de *outsiders* da política, pouco experientes (o presidente é um humorista e bom ator). Estão mais sujeitos a pressões externas e de facções internas, algumas das quais agem à revelia do governo e do Estado, como os batalhões neonazistas. Muitos analistas sugerem que o país está sendo usado como *proxy* da OTAN (Guerra por Procuração), como forma de desgastar a Rússia política e militarmente, que depois pode ser descartado, com um país semidestruído. A crise humanitária, por sua vez, produz forte impacto na UE, que se subordina à OTAN (inclusive com possível adesão de países neutros). O aumento de suas despesas militares faz exatamente o que Trump desejava, comprometendo suas economias, que também perdem as vantagens comerciais e de investimentos com a Rússia. A Europa já é a grande perdedora da guerra, daí a ambiguidade de alguns de seus líderes mais importantes.

A guerra é tanto trágica como teatral (de imagens e propaganda), de ambos os lados. Inclusive nos dois exércitos há russos e ucranianos, prestando serviço militar obrigatório em seu país natal. O ataque à Kiev foi uma manobra militar diversionista, para que os ucranianos retirassem parte das tropas concentradas no Sul e no Leste, que visavam invadir as províncias separatistas e a Crimeia. E deu certo, porque os russos puderam avançar ali. A Rússia é mais forte do que a Ucrânia militarmente, mas a segunda não está sozinha, recebendo armas, informações, campanhas de propaganda ideológica[2], de (des)informação midiática, apoio de "voluntários" e até de forças especiais estrangeiras. A guerra ocorre no litoral e no Donbass, regiões povoadas por russos, daí não ser objetivo causar baixas civis. Eles se refugiam na Rússia (sobre o que não se publica uma linha), enquanto há forte contingente de refugiados econômicos ucranianos (de zonas não atacadas), em mais uma onda migratória para a Europa. A solidariedade internacional (que já declina), criada devido à invasão russa, tornou fácil entrar nos países europeus.

---

[2] O Seriado "O Servo do Povo", estrelado pelo próprio Presidente, foi um ponto de partida muito bem pensado, que se transformou em um Partido homônimo para concorrer à presidência. O problema, hoje, é que ele parece confuso entre o personagem e a função real de liderança.

O público, acostumado a ver conflitos em países pobres pela TV, não esperava por uma guerra convencional na Europa, afetando "gente loira, de olhos azuis e de classe média", como disse um indignado jornalista. Para as potências Ocidentais, contudo, a Rússia é um adversário mais frágil do que a China (que virá depois), especialmente se a guerra for travada com o sangue dos outros, em país alheio. Mais uma tragédia da longa história eslava, que o livro descreve. As sanções, como um bumerangue, depois de atingirem russos acostumados a crises, afetam a economia mundial e as nações ricas, até então acomodadas com a prosperidade estável. Há uma outra guerra (econômica) paralela; quem aguentará mais tempo? Apenas os países ricos aplicam sanções, enquanto a cooperação russa com a Ásia, Oriente Médio e África aumenta. A Índia importa petróleo russo, refina e reexporta para a Europa, enquanto os EUA cortejam a Venezuela do hostilizado Maduro para que aumente sua produção. Quem diria...

Em toda guerra os dois lados têm razão, sua razão. O primeiro a atacar é, obviamente, o culpado, o outro é a vítima. Costuma-se dizer que em toda a guerra, a primeira vítima é a verdade. Estudioso dos conflitos armados, mas convicto pacifista, o que mais me assusta é a facilidade com que é gerada a "opinião pública". Podemos nos perguntar o que nasceu antes, o ovo ou a galinha? A parte militar da guerra não é tão grave como em outras partes do mundo, pois nos dois países as pessoas seguem indo aos *shoppings*, e ela é um jogo político, embora com vítimas fatais e destruição. Mas ela pode se tornar uma Guerra Mundial, e inclusive, nuclear.

Esse ensaio é sobre a relação da Rússia histórica (da qual a Ucrânia quase sempre fez parte) com o Ocidente e visa produzir luz (do conhecimento), e não calor (do embate).

Não objetiva justificar atitudes russas, mas, antes, *explicar sua percepção e ação*. Do país que provoca fascínio e temor difuso, e que tudo que diz é considerado propaganda. Para um brasileiro é difícil perceber as diferenças entre russos e ucranianos, pois eles são, praticamente, o mesmo povo, com uma história comum. Vejo pessoas falarem, aqui, como se fossem parte da guerra, em lugar de trabalhar pela paz. O fanatismo é algo que sempre me amedrontou. A Rússia tem uma população em declínio, enquanto a islâmica das demais ex-repúblicas soviéticas não para de crescer. Portanto, ela não tem vontade nem meios de promover uma expansão, tampouco há uma "Nova Guerra Fria". O que deseja é garantir sua segurança.

Então qual é a moral da História? A Rússia atual é como um urso que, ameaçado, reage à destruição da floresta que lhe garantia a vida. Sua agressividade contra os lenhadores, contudo, não é egoísta, mas um gesto em defesa de todas as florestas, que garantem a vida dos demais animais e humanos.

Anexo:
O que realmente pensa o Governo Russo?

Uma Crise de Depuração?

Serguei Karaganov

No início de 2020 e durante a primeira quarentena imposta pela pandemia de Coivd-19, funcionários do governo e muitos economistas previram a probabilidade de uma retomada econômica até o final de 2020 e, de qualquer maneira, em 2021. No entanto, nos baseamos em expectativas mais pessimistas – ou bastante realistas. A crise será longa, severa, perigosa e comparável à Grande Depressão da década de 1930, que o mundo, basicamente, não superou até a Segunda Guerra Mundial. Esperamos que a humanidade supere o cataclismo atual sem uma grande guerra, que pode se tornar o fim de sua história.

O que está acontecendo?

Neste artigo, tentarei descrever a crise atual, na medida em que atravessamos o seu epicentro. (...) Quaisquer que sejam os paralelos com as crises anteriores, a atual é bastante peculiar, principalmente, pela simultaneidade de vários fatos: a tsunami econômica causada pela pandemia; o colapso final das ordens políticas e econômicas internacionais estabelecidas após a Segunda Guerra Mundial e a (aparente) "vitória" do Ocidente na Guerra Fria; elementos de uma crise civilizatória no Ocidente, que dominou o mundo durante séculos; a rápida diminuição da estabilidade política e estratégica internacional; a multiplicação de conflitos e o crescimento da ameaça de sua escalada para uma grande guerra; e a visível redução da credibilidade dos conceitos concebidos antes desta crise complexa.

Igualmente, há uma falha intelectual. Naturalmente, há a pandemia propriamente dita e a incapacidade dos países pobres e de muitos Estados de lidar com ela. Mas, apesar de todos os perigos para a vida e a saúde humanas, esse problema dificilmente pode ser comparado às terríveis pragas que a humanidade já experimentou. A sua importância foi exagerada pelo ataque de informações que saiu do controle e, também, pelas tentativas das elites governantes em um número considerável de países, de desviar a atenção dos seus fracassos passados e se empenharem em reter o poder. A pandemia tem sido usada como um substituto para a guerra, distraindo e justificando. Em muitos aspectos, a situação é, de fato, semelhante a uma grande guerra. E como se trata de uma situação de guerra, é necessário (...) fazer o que não tivemos coragem até agora.

Isso cria um quadro de uma crise quase abrangente, sistêmica e multidimensional, com consequências imprevisíveis. Comecemos com os aspectos econômicos mais próximos da superfície. A crise irá exacerbar dramaticamente a crescente desigualdade e o senso de injustiça arraigado no sistema econômico moderno e reduzir ainda mais a já encolhida classe média nos países desenvolvidos. Todos ficarão mais pobres, mas, especialmente, os países pobres.

Uma das contradições, senão vícios fundamentais do mundo contemporâneo, está se tornando bastante óbvia: o atual modelo de capitalismo, baseado no crescimento infinito e no estímulo ao consumo, já ultrapassou os seus limites. Mesmo se (e quando) a preocupação atual com a mudança climática produza resultados reais, isto não resolverá o problema subjacente. Nos países desenvolvidos e naqueles que aspiram a se juntar a eles, as pessoas consomem irrefletidamente e de forma irracional, muito acima das necessidades humanas normais. Mas, como limitar o crescimento do consumo, quando bilhões de pessoas são pobres e, o mais importante, quando veem, graças a mídia, como vivem as pessoas e os países ricos? Além disso, eles também veem uma imagem que é obviamente embelezada por razões comerciais ou políticas. Esta questão também é bastante aguda na Rússia. Aparentemente, o problema da poluição ambiental está sendo afogado em conversas vazias. Na verdade, a Europa, principal porta-voz desta questão, está simplesmente tentando transferir o fardo para outros, impondo tarifas sobre bens intensivos em energia, embora, objetivamente, os principais poluentes sejam os consumidores excessivos, ou seja, países e indivíduos ricos. Infelizmente, ao final de 2020, quando este artigo foi escrito, havia poucos sinais de tentativas de se repensar seriamente o modelo de desenvolvimento, no nosso país e no mundo, o que muitos, inclusive eu, esperávamos que ocorresse com a irrupção da pandemia.

A democracia e seus problemas

A China e a Ásia como um todo estão vencendo a atual competição acirrada, mas, de um modo geral, todos estão perdendo. Os resultados preliminares da crise estão aumentando as tensões sociais nas sociedades e novos casos de fome em massa em várias regiões. E, como resultado, a instabilidade está crescendo, tanto dentro como entre muitos Estados, incluído alguns próximos às nossas fronteiras. Muitos governos cairão. A humanidade está dando mais um passo para trás quanto aos ideais de paz eterna e governança global responsável. E não é nada reconfortante que a "ordem econômica liberal" criada em Bretton Woods, que se espalhou por todo o mundo depois de 1991 e deu grandes vantagens aos seus iniciadores, por meio de um sistema de regimes econômicos e instituições como a Organização Mundial do Comércio (OMC), o Fundo Monetário Internacional (FMI) e outras, esteja se desintegrando rapidamente. Ela está sendo substituída por uma lei da selva econômica e política. Não há sinais de um novo sistema equilibrado e justo. E ainda há pelo menos uma década de caos pela frente.

A crise atual, provavelmente, estimulará uma série de tendências sociopolíticas emergentes. Estados autoritários eficientes são melhores para lidar com a epidemia (embora, para ser justo, também haja muitos Estados autoritários ineficientes). A verdade, cuidadosamente escondida pelo "politicamente correto" liberal predominante por muitas décadas, está vindo à tona. A democracia é uma forma de gerenciar apenas sociedades ricas e somente na ausência de tensões externas severas.

Todas as democracias sempre pereceram. As repúblicas gregas deram lugar ao despotismo, a República Romana tornou-se um império, as repúblicas medievais italianas transformaram-se em monarquias. (...) Quase todas as democracias da Europa se renderam a Hitler. Tal destino, aparentemente, aguardava a Grã-Bretanha, se não fosse pela ajuda dos EUA, protegidos ao longo de sua história pelos oceanos e vizinhos fracos, e pelo fato de a Alemanha ter atacado a URSS, cujo povo era controlado por um rígido sistema totalitário e mostrou uma prontidão única para o auto-sacrifício.

Os atuais regimes democráticos levados a Estados relativamente pobres estão desmoronando, falhando e dando lugar a regimes autoritários, a menos que as suas estruturas democráticas sejam apoiadas de fora, como nos países periféricos da União Europeia. Mas a crise econômica reduzirá a possibilidade de se fornecer apoio e subsídios. Além disso, mesmo nos países centrais, inclusive nos relativamente ricos, os crescentes protestos sociais são cada vez mais reprimidos por métodos policiais que sempre estiveram associados às formas mais duras de autoritarismo. Estes métodos são justificados, talvez com bastante sinceridade, pela necessidade de se proteger a democracia. Na realidade, porém, não passam de tentativas de proteger políticas anteriores e elites fracassadas. Em condições calmas, os cidadãos de países democráticos elegem os seus pares, convenientes para eles, razão pela qual as elites se degradaram em quase toda parte nas velhas democracias, nas últimas décadas. Basta comparar os líderes dos anos 1950-1960 e os dos anos 2010. Mas devemos admitir que, mesmo sob tensão, indivíduos como Churchill ou Roosevelt raramente são eleitos. Populistas de direita ou de esquerda chegam ao poder com mais frequência.

Portanto, esse novo e, talvez, historicamente temporário recuo da democracia, exacerbado pela crise, apresenta dois difíceis desafios para a classe política russa. Um é uma revisão da convicção, profundamente enraizada desde o declínio do sistema soviético, de que a democracia é sempre boa, livre e satisfatória. É livre, mas nem sempre: formalmente, os Estados democráticos são muitas vezes governados por oligarquias. E isto, certamente, não é satisfatório. A democracia é o resultado do bem-estar material, não a sua causa.

Outro desafio é ainda mais difícil: encontrar a combinação ideal de formas de governo autoritárias, populistas e democráticas, para o desenvolvimento efetivo do país e o bem-estar espiritual e material da maioria da população. As receitas padrão não são adequadas para uma grande potência geneticamente soberana. Teremos que seguir nosso próprio caminho. As crescentes tendências autoritárias no governo, que são inevitáveis durante qualquer crise, são consistentes com as tradições russas e as demandas atuais, embora não atendam a todos os cidadãos da Rússia moderna (...). A liberdade política ilimitada na Rússia é fatal, especialmente, em tempos de crise. No entanto, não pode haver um impulso russo sem vontade. E, sem ela, não terá sucesso. Na verdade, ao vencer guerras e desenvolver espaços gigantescos, os russos foram guiados não apenas pela "vontade do soberano", mas também pela sua aspiração de liberdade, um impulso espiritual. O atual pessimismo quase total das elites domésticas (ainda não compartilhado pelas autoridades) é simplesmente destrutivo. Claramente, todo mundo está cansado. Mas, os jovens precisam ser empurrados para a frente. No entanto, os jovens dignos não irão querer se envolver no tédio e na falta de liberdade.

É necessário reconsiderar a atitude não só em relação à democracia moderna, mas também em relação a outros conceitos e teorias que vieram da Europa, o Ocidente mais produtivo, livre e rico. A crise da pandemia mostrou que eles são ineficazes. O "não-Ocidente" está se tornando mais rico, enquanto no Ocidente o "politicamente correto liberal" moderno está destruindo a liberdade de pensamento e expressão. Ainda há grande número de economistas e cientistas políticos que pregam e ensinam teorias e conceitos que nasceram no mundo Ocidental para as suas próprias necessidades e que, em última análise, refletem, com todo o relativo pluralismo (que diminui rapidamente), os interesses de suas elites. Muitas dessas teorias não são apenas egoístas, mas são inadequadas para nós ou completamente desatualizadas. Em geral, o desafio mais importante exposto pela crise atual é a erosão acelerada da civilização europeia, que a maioria de nosso povo e até mesmo muitos antiocidentais políticos consideram como sua.

A prolongada paz relativa gerada, sobretudo, pela dissuasão nuclear, e o crescimento do bem-estar, interrompido recentemente, salvaram os países desenvolvidos do estresse característico de toda a História da humanidade: a necessidade de lutar pelo que realmente é vital: vida, pão, moradia e pátria. Houve uma mudança na consciência de uma parte significativa das elites e sociedades ocidentais (e uma pequena parte das não-ocidentais). As pseudoideologias começaram a ganhar força: o "democratismo" como um sistema de tabus semitotalitário; o "climatismo" como religião (não se confundir com a necessária preocupação com a proteção ambiental); os direitos individuais das minorias, mas não das sociedades ou da maioria; o feminismo (não deve ser confundido com os direitos das mulheres), pessoas LGBT, *Black Lives Matter*, *Me Too* e assim por diante. Uma parte significativa das sociedades está perdendo os fundamentos ideológicos e espirituais sobre os quais a humanidade sempre se apoiou: patriotismo, valores familiares, fé.

Essas mudanças foram encorajadas por elites interessadas em preservar o *status quo* que elas criaram e que as criaram. As pseudoideologias distraem a atenção de problemas não resolvidos (como a crescente injustiça social), atomizam as sociedades, substituem emoções e valores normais, transformam pessoas em robôs com reações programáveis e as desumanizam. Mudanças sociais semelhantes, embora não tão profundas, precederam a queda do Império Romano e da República de Veneza, além da catástrofe chinesa dos séculos XVIII e XIX.

O "declínio" da Europa é comentado há um século. Mas parece que, agora, um divisor de águas qualitativo foi cruzado. Na verdade, a União Europeia está a abandonar muitos dos valores europeus fundamentais, que se tornaram parte da identidade da Rússia e que procuramos recuperar, depois de termos estado parcialmente separados deles durante grande parte do século XX. O novo conjunto de valores e ideologias pós-europeias citado é venenoso, mas eles estão tentando exportá-lo.

O pivô da Rússia para o Leste, para a Ásia, iniciado na década de 2010, foi bastante racional: os seus mercados são mais dinâmicos e a atmosfera de lá é menos hostil. A crise do coronavírus demonstrou que a Ásia, autoritária ou aparentemente democrática, é muito mais eficiente. A combinação de valores pós-europeus insidiosos e a desilusão com a eficácia do potencial modernizador da Europa/Ocidente coloca em causa a identidade-chave, principalmente europeia, da maioria dos russos. Ao comprovar o pivô para o Oriente, os seus defensores, inclusive eu, ficaram felizes em descobrir características orientais nas tradições sociais e políticas russas. Mas, agora, também podemos falar sobre como questionar a orientação geral cultural e espiritual em relação à Europa e às nossas raízes europeias. A crise da civilização europeia é também a nossa crise.

As elites europeias enfraquecidas, tendo falado mais uma vez sobre independência estratégica, estão desistindo dela de imediato e tentando se esconder sob a asa dos Estados Unidos. Há um novo período de consolidação de curta duração do Ocidente, que coincide com o seu declínio atual e, portanto, é sua parte integrante. Até o momento, a consolidação está ocorrendo, entre outras coisas, por meio do confronto com a Rússia. Como o mercado russo é menor, este confronto é menos custoso do que o com a China, que está ficando mais rica. Além disso, o conflito com a Rússia é mais familiar. Portanto, não se deve esperar nenhuma melhora significativa na deterioração das relações com a União Europeia. Teremos que cooperar com quem pudermos – países, empresas, universidades, pessoas.

Riscos atuais

O período de consolidação não durará muito, porque as divisões internas nos EUA são muito profundas, há problemas na União Europeia e os interesses divergem bastante.

É muito importante tentar prevenir ações destinadas a provocar uma crise nas relações com a Rússia, destinada de manter a consolidação intraeuropeia e Atlântica por mais tempo. Vale lembrar a década de 1970[-80] (...) com a instalação dos mísseis Cruise e Pershing. A situação era semelhante a uma crise, tanto no Ocidente como na Europa. Agora, o cenário provocativo mais óbvio seria empurrar Kiev para atos de força. Pode haver tentativas de instalar novas armas desestabilizadoras ou intensificar a histeria cibernética.

A extensão quase inevitável do confronto multifacetado com o Ocidente deixa a Rússia virtualmente sem alternativas, a não ser continuar sua aproximação com a Ásia e fortalecer a parceria e a aliança de fato com a China, inclusive no campo tecnológico. Mas é ainda mais importante manter o máximo de liberdade de escolha nos campos político e militar e evitar a construção de uniões formais. É preciso ir em direção ao mundo do futuro, em direção à Ásia, não retrocedendo e olhando para o Ocidente, mas de maneira consciente e calculada. Naturalmente, isto não exige o abandono da herança europeia.

A crise está se desenrolando em meio à profunda desestabilização multilateral da situação militar-estratégica, devido ao uso de novas tecnologias (como os drones usados nos ataques às refinarias de petróleo na Árabia Saudita e a alvos armênios em Nagorno-Karabakh, ou no assassinato do general iraniano Soleimani). Os regimes de limitação de armas [nucleares] restantes estão se desintegrando. Há confusão e degradação generalizadas entres as elites. Há uma probabilidade cada vez maior de uma escalada não intencional de conflitos que se multiplicam e do desejo de usá-los para desviar a atenção de problemas internos gigantescos. As mais óbvias são a provocação de uma crise em torno de Taiwan, Índia-China, Índia-Paquistão, Mar da China Meridional, Irã-Arábia Saudita, Síria, Líbia, Ásia Central e, claro, Ucrânia e, ultimamente, também Bielorrúsia e Cáucaso. A lista não para aí.

O empobrecimento causado pela crise econômica provocará desestabilizações internas em dezenas de países. Muitos regimes políticos começarão a desmoronar, inclusive na vizinhança mais próxima da Rússia. Preocupados com os seus próprios problemas internos, a maioria dos principais países do mundo (exceto, provavelmente, a China, o Leste e o Sudeste Asiático e, em parte, a Índia) permanecerão parceiros não confiáveis a médio prazo. Isto também se aplica aos EUA e à maioria da Europa. O envolvimento profundo com o mundo de Estados conflitantes ou decadentes e parceiros não confiáveis trará mais e mais perdas e menos benefícios.

Não regras, mas bastiões

A duração da crise multifacetada que se aproxima, o caos com conflitos agudos e a rivalidade feroz não podem ser previstos – de vários anos a uma década ou mais. Mas uma coisa é óbvia: não se pode contar com uma política externa de longo prazo e acordos econômicos estrangeiros ou com um sucesso sustentado. As falhas são prováveis. Um fracasso gigante para todos seria a escalada acima mencionada para uma nova guerra mundial. (...) O envolvimento físico em tal mundo externo está se tornando cada vez mais um fator de vulnerabilidade. Mesmo os ganhos táticos aparentes se tornam impossíveis ou transitórios. Recursos – políticos, econômicos, administrativos – gastos fora do país serão desperdiçados. No campo da política externa, a Rússia deve reduzir a atividade para evitar grandes perdas, exercer um neoisolacionismo temporário e trabalhar por uma perspectiva estratégica. A política externa não deve desviar a atenção do renascimento interno ou encobrir a ausência de estratégia e política relevantes.

O mundo entrará em um período de luta, não por "novas regras", mas por bases político-militares, econômicas e moral-culturais, a serem usadas para estabelecer essas regras (se e quando). Para nós, as principais diretrizes para a criação de tal ponto de apoio incluem a mobilização e o fortalecimento do poder econômico russo, a manutenção de um potencial de dissuasão efetivo e o preenchimento da vida nacional de significado como uma condição crucial, concebendo e introduzindo uma nova ideologia assertiva viável para a maioria. Esta ideologia deve levar para a frente, recriar o impulso russo e ser atraente para a maior parte do mundo exterior (não apenas para o Ocidente, como tentamos fazer no passado).

Uma política ideológica de baixo custo, mas extremamente importante, e o desenvolvimento de uma nova ideia russa que corresponda à demanda da sociedade e do mundo devem compensar a necessária retirada parcial. Essa combinação de neoisolacionismo limitado (o isolacionismo completo pode ser destrutivo) e concentração na recuperação econômica e ideológica doméstica e em uma política ideológica assertiva permitirá que a Rússia use esta crise como uma chance.

O mundo se depara com a necessidade de desenvolver um sistema de valores baseado, não no crescimento do consumo, mas na unidade do homem e da natureza, no fato de que uma pessoa pode alcançar o respeito próprio, se não servir apenas a si mesma, mas principalmente à família, à sociedade, ao seu país, à paz e a Deus. Para a Rússia, esta é uma tarefa difícil de cumprir, depois de quase um século de ilusões comunistas e liberais impostas.

A doença do mundo moderno não tem precedentes. Aparentemente, apenas alguns perceberam até agora que a pandemia não ajudará a resolver problemas e contradições. Ao contrário, ela está abrindo uma série de crises agudas que mudarão o mundo inteiro. No entanto, estudar as crises anteriores e como elas foram resolvidas ajudará no tratamento e na seleção de tratamentos e práticas adequadas.

No final de 2020, não havia sinais de que as elites governantes da maioria dos países se mostravam capazes de compreender a profundidade e a natureza multidimensional do desdobramento da crise. Todas estão tentando sair da situação atual sem fazer correções radicais nos cursos traçados por elas (especialmente, porque tais correções exigirão uma mudança das elites). Até agora, o oposto tem acontecido: a pandemia tem sido usada para encobrir e justificar políticas fracassadas e velhas instituições. E, no entanto, dentro de alguns anos, poderemos perceber que a crise atual foi, entre outras coisas, uma depuração, que ajudou a empurrar todos para os valores normais e para as políticas racionais voltadas ao benefício comum. É importante que cheguemos ao período de construção mais fortes, não mais fracos. E, para isto, precisamos fortalecer a "Fortaleza Rússia", que está potencialmente aberta ao mundo e pronta para a cooperação e, até mesmo, liderança. Uma série de convulsões se aproxima e devemos preparar a nós mesmos e ao nosso país para enfrentá-las.

Sergei A. Karaganov é Doutor em História, Professor e Decano da Faculdade de Economia Mundial e Assuntos Internacionais e membro do Conselho de Política Externa e de Defesa da Rússia. Artigo completo foi publicado na edição de março-abril de 2021 da revista Russia in Global Affairs, aqui reproduzido com a permissão do autor. Chama atenção a lucidez da análise holística, que não evita temas sensíveis, e antevê desdobramentos internacionais que se conformaram um ano depois.

Referências

ABAZOV, Rafis. *Historical Atlas of Central Asia.* New York/London: Palgrave Macmillan, 2008.

ALVES, André Pineli (Org). *Uma Longa Transição: Vinte Anos de Transformação na Rússia.* Brasília: IPEA, 2011.

BACON, Edwin; WYMAN, Matthew. *Contemporary Russia.* New York: Palgrave/Macmillan, 2006.

BASSIN, Mark; POZO, Gonzalo (Eds). *The politics of Eurasianism. Identity, Popular Culture and Russia's Foreign Policy.* London/ New York: Rowman & Littlefield, 2017.

BAUD, Jacques. A Situação Militar na Ucrânia. *Velho General,* 01 abr. 2022. Velho Disponível em: https://velhogeneral.com.br/2022/04/01/a-situacao-militar-na-ucrania/. Acesso em 15 jul. 2022.

BOFFA, Giuseppe. *Storia dell'Unione Soviética.* Milano: Arnoldo Mondadori, 1976. 2 v.

BROUÉ, Pierre. *Os Processos de Moscovo.* Lisboa: Liv. Moraes, 1966.

BROWN, Archie; SHEVSTSOVA, Lilia (Orgs). *Gorbachov, Yeltsin e Putin.* Brasília: Ed da UnB, 2004.

BUSHKOVITCH, Paul. História concisa da Rússia. São Paulo: Edipro, 2014.

CARR, Edward. *A Revolução Russa de Lenin a Stalin (1917-1929).* Rio de Janeiro: Zahar, 1981.

CHAUBIN, Frédéric. *CCCP. Cosmic Communist Constructions Photographed.* Köln: Taschen, 2011.

CHIESA, Giulietto. *Putinfobia.* Milano: Edizioni Piemme, 2016

COHEN, Francis. *Os Soviéticos.* Lisboa: Estampa, 1977. 3 v.

COURTOIS, Stéphane et al. *O livro Negro do Comunismo.* Ed. Quetzal, 1998.

CUMMINGS, Sally. *Understanding Central Asia.* London/New York: Routledge, 2012.

D'ANIERI, Paul. *Ukraine and Russia: From Civilized Divorce to Uncivil War.* Cambridge: Cambridge University Press, 2019.

D'ENCAUSSE, Helène Carrère. *The end of Soviet Empire.* New York: A New Republic Book, 1993.

DAVIES, R. W. *Soviet Economic Development, from Lênin to Krushchev.* Cambridge: Cambridge University Press, 1998.

DEUTSCHER, Isaac. *A Revolução Inacabada. 50 anos de História Soviética.* Rio de Janeiro: Civilização Brasileira, 1967.

_____. *Trotsky.* Rio de Janeiro: Civilização Brasileira, 1969. 3 v.

_____. *Stalin.* Rio de Janeiro: Civilização Brasileira, 1970. 2 v.

_____. *La Década de Jrushov.* Madrid: Alianza Editorial, 1971.
_____. *Rusia, China y Occidente.* México: Era, 1972.

FERNANDES, Luís. *URSS, Ascensão e Queda. A Economia Política das Relações da União Soviética com o Mundo Capitalista.* São Paulo: Anita Garibaldi, 1991.

FERRO, Marc. *O Ocidente Diante da Revolução Soviética.* São Paulo: Brasiliense, 1984.

FURSENKO, Aleksander; NAFTALI, Thimoty. *Krushchev's Cold War.* London/New York: W. W. Norton, 2006.

GILBERT, Martin. *Atlas of Russian History.* London/New York: Routledge, 2007.

GOERKE, Carsten; HELLMANN, Manfred; LORENZ, Richard; SCHEIBERT, Peter. *Rusia.* Mexico: Siglo XXI Editores, 1983.

GOLDMAN, Marshall. *Oilpoly: Putin, Power and the New Russia.* Oxford: Oneworld, 2010.

GORBACHEV, Mikhail. *Perestroika.* São Paulo: Best Seller, 1987.

HAMMER, Armand. *Um capitalista em Moscou.* São Paulo: Best Seller, 1989.

HATHERLEY, Owen. *Landscapes of Communism: A History Through Buildings.* New York: Allen Lane, 2015.

HELLENBROICH, Elisabeth. *Entendendo a Rússia.* Rio de Janeiro: Capax Dei, 2016.

HIGHAM, Robin; KAGAN, Frederic (Ed.). *The Military History of the Soviet Union.* New York: Palgrave McMillan, 2010.

HILL, Christopher. *Lenin e a Revolução Russa.* Rio de Janeiro: Zahar, 1977.

HILL, Ronald. *Soviet Union: Politics, Economics and Society.* London/New York: Pinter Publishers, 1988.

KALASHNIKOV, M. *Rajadas da História.* Rio de Janeiro: Jorge Zahar, 2005.

KASEKAMP, Andres. *A History of the Baltic States.* London/New York: Palgrave Macmillan, 2010.

KEERAN, Roger; KENNY, Thomas. *O Socialismo Traído.* Lisboa: Avante, 2008.

KENAN, George F. *A Rússia e o Ocidente.* Rio de Janeiro: Forense, 1966.

KENEZ, Peter. *História da União Soviética.* Lisboa/ São Paulo: Edições 70/ Almedina, 2021.

KISSINGER, Henry. To Settle the Ukraine Crisis, Start at the end. The Washington post, 5 mar. 2014. Disponível em: https://www.washingtonpost.com/opinions/henry-kissinger-to-settle-the-ukraine-crisis-start-at-the-end/2014/03/05/46dad868-a496-11e3-8466-d34c451760b9_story.html. Acesso em 15 jul. 2022.

LAWRENCE, John. *A History of Russia.* New York: Mentor, 1969.

LÉVESQUE, Jacques. *L'URSS et sa Politique Internationale de Lénine à Gorbachev.* Paris: Armand Colin, 1987.

_____. *1989, la Fin d'un Empire.* Paris: Presses de Sciences PO, 1995

_____, et al. *La Russie et son Ex-Empire.* Paris: Presses de Sciences PO, 2003.

LEWIN, Moshe. *O Século Soviético.* Rio de Janeiro: Record, 2006.

LOSURDO, Domenico. *Stalin, História Crítica de uma Lenda Negra.* Rio de Janeiro, Revan, 2010.

MARABINI, Jean. *A História Durante a Revolução de Outubro.* São Paulo: Companhia das Letras, 1989.

MATTHEWS, Mervyn. *Clases y Sociedad en la Unión Soviética.* Madrid: Alianza Editorial, 1977.

McDERMOTT, Kevin. *Stalin, Revolutionary in an Era of War.* Houndmills: Palgrave/Macmillan, 2006.

MEARSHEIMER, John. *Why the Ucraine Crisis is the West's Fault.* Foreign Affairs, Sep/Oct. 2014

MEDVEDEV, Roy. *La Rusia Post-Soviética.* Barcelona: Paidós, 2004.

MEDVEDEV, Zhores. *Gorbachev.* Rio de Janeiro: José Olympio, 1987.

METTAN, Guy. *Creating Russofobia: From Great Religious Schism to anti--Putin Hysteria.* Atlanta: Clarity Press, 2017.

MILNER-GULLAND, Robin, e DEJEVSKY, Nikolai. Rússia e a antiga União Soviética. Barcelona: Folio, 2007.

MONAGHAN, Andrew. *Power in Modern Russia.* Manchester: Manchester University Press, 2017.

NOVE, Alec. *An Economic History of the USSR.* Harmondsworth: Penguin, 1984.

PALÁCIOS, Silvia; CARRASCO, Lorenzo (Orgs). *A Missão da Rússia na Atual Mudança de Época.* Rio de Janeiro: Capax Dei, 2019.

PECEQUILO, Cristina (Org). *A Rússia: Desafios Presentes e Futuros.* Curitiba: Juruá, 2010.

RADVANY, Jean (Ed). *Les États Postsoviétiques.* Paris: Armand Colin, 2011.

REED, John. *Dez Dias que Abalaram o Mundo.* São Paulo: Global, 1979.

REIS FILHO, Daniel Aarão dos. *As Revoluções Russas e o Socialismo Soviético.* São Paulo: UNESP, 2003.

ROBERTS, Geoffrey. *Stalin's Wars (1939-1953).* New Haven/ London: Yale University Press, 2006.

SAKWA, Richard. *Russia Against the Rest: The Post-Cold War or World Order.* Cambridge: Cambridge Oxford Press, 2017.

_____. *Frontline Ukraine.* London: I. B. Tauris, 2015.

SEGRILLO, Ângelo. *O Fim da URSS e a Nova Rússia.* Petrópolis: Vozes, 2000.

SMIRNOV, I. (Ed). *Histoire de la URSS: De L'Antiquité à nos Jours.* Moscou: Éditions du Progrès, 1967.

SOLOVIEV, A. et al. *Geografia da URSS.* Moscovo: Progresso, 1983.

TODD, Emmanuel. *A Queda Final. A Decomposição da Esfera Soviética.* Rio de Janeiro: Record, 1976.

TOMPSON, William. *The Soviet Union Under Brezhnev.* Harlow: Pearson/ Longman, 2003.

TROTIGNON, Y. *Le XXe Siècle en URSS.* Paris: Bordas, 1976.

TROTSKY, Leon. *História da Revolução Russa.* Rio de Janeiro: Paz e Terra, 1977. 3 v.

TSYGANKOV, ANDREI. *Russia's Foreign Policy: Change and Continuity in National Identity.* New York/London: Rowman & Littlefield, 2016.

VISENTINI, Paulo. *Os Paradoxos da Revolução Russa (1917-1991).* Rio de Janeiro: Alta Books, 2017.

_____. *Por que o Socialismo Ruiu? De Berlim a Moscou 1989-1991.* São Paulo: Edições 70/ Almedina, 2021.

WAAL, Thomas De. *The Caucasus.* Oxford: Oxford University Press, 2010.

WEBB, Sidney; WEBB, Beatrice. *URSS, Uma Nova Civilização.* Rio de Janeiro: Calvino, 1945. 2 v.

WELTER, Gustave. *Historia de la Rusia Comunista (1917-1935).* Madrid/ Barcelona: Joaquin Gil Editora, 1936.

WERTH, Alexander. *A Rússia na Guerra.* Rio de Janeiro: Civilização Brasileira. 2 v.

WESTAD, Odd Arne. *The Global Cold War.* Cambridge: Cambridge University Press, 2007.

WILSON, Edmund. *Rumo à Estação Finlândia.* São Paulo: Companhia das Letras, 1987.

Coleção MyNews Explica

MyNews Explica Evangélicos na Política Brasileira – Magali Cunha
MyNews Explica Eleições Brasileiras – Luis Felipe Salomão e Daniel Vianna Vargas
MyNews Explica Budismo – Heródoto Barbeiro
MyNews Explica Pesquisas Eleitorais – Denilde Holzhacker

Próximos lançamentos

MyNews Explica Astronomia – Cássio Barbosa
MyNews Explica Buracos Negros – Thaísa Bergmann
MyNews Explica Como Morar nos EUA – Isabela Borges
MyNews Explica Vacinas – Gustavo Cabral
MyNews Explica Relações Internacionais – Guilherme Casarões
MyNews Explica Como Viver em Portugal – Andrea Duarte
MyNews Explica Liberalismo – Joel Pinheiro Fonseca
MyNews Explica Fascismo – Leandro Gonçalves e Odilon Caldeira Neto
MyNews Explica Integralismo – Leandro Gonçalves e Odilon Caldeira Neto
MyNews Explica Sistemas de Governo – Denilde Holzhacker
MyNews Explica Previdência do Servidor Público – Mara Luquet
MyNews Explica Interculturalidade – Welder Lancieri Marchini
MyNews Explica Exoplanetas – Salvador Nogueira
MyNews Explica o Comunismo –, Rodrigo Prando
MyNews Explica Eleições e Mercado – Jorge Simino Jr.
MyNews Explica a Rússia Face ao Ocidente – Paulo Visentini